JN412185

FOOD SERVICE INDUSTRY MANAGEMENT

외식산업론

엄영호 · 이은진 · 주서현
정주희 · 임영희 · 최 미

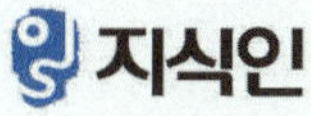

외식산업론

2018년 2월 24일 초판 1쇄 인쇄
2018년 2월 28일 초판 1쇄 발행

지은이 | 엄영호 · 이은진 · 주서현 · 정주희 · 임영희 · 최 미
펴낸이 | 김종욱
펴낸곳 | 지식인
등 록 | 제301-2013-134호
주 소 | 서울시 도봉구 도봉로 180길 20 투웨니퍼스트 102동 602호
전 화 | 02)2266-8606 (대)
팩 스 | 02)2266-8607
E-mail | jisikin2013@naver.com
홈페이지 | www.jisikinbook.co.kr

ISBN 979-11-88105-19-9 (93320)

값 16,000원

외식산업론

PREFACE

경제성장과 더불어 고도의 산업화와 국제화로 인하여 외식시장은 점차 서구화 형태로 변하고 있다.

외식 및 관련 산업의 발전, 여성의 사회활동 증가, 주5일제 근무로 인한 라이프스타일의 변화, 급증하는 레저문화와 다양한 스포츠의 발전, 교육수준의 향상 등은 식생활에 많은 변화를 가져왔다. 그리고 국민소득의 증가는 가처분소득을 증가시켜 소비지출의 증가로 이어지게 되었으며, 이는 외식 기회의 확대로 이어져 외식비 지출의 지속적인 증가를 초래하였다. 이러한 외식소비의 인식변화는 외식산업이 확장되고 외식이 하나의 산업으로 자리 잡는데 중요한 역할을 하였다.

외식시장의 치열한 경쟁으로 공급이 수요를 초과하는 상황으로 변화하고 있으며, 고객의 요구Needs는 다양화, 고급화, 세분화되어 가고 있다. 이처럼 시장 및 기업 환경이 빠르고 다양하게 변화하고 있는 상황 속에서 핵심적인 경쟁우위를 발전시키려는 전략을 개발해야 한다. 그리고 고객의 특성을 이해하여 고객의 필요에 적절한 유·무형의 상품을 생산하여 고객에게 만족을 주어야 한다. 이에 앞서 외식산업 및 경영에 대한 기초적인 이해가 필수적이라고 할 수 있다.

이 책은 외식산업의 개념 및 외식산업과 관련된 기본적인 내용, 외식창업에 대한 내용을 수록하여 외식산업에 대한 전반적인 이해를 돕고자 하였다.

제1부 외식산업의 이해에서는 외식산업의 의의, 외식산업의 분류, 외식산업의 성장과 발전, 한국의 외식산업 현황을 수록하였다. 제2부 외식산업의 경영관리에서는 생산 및 운영관리, 메뉴관리, 마케팅, 외식산업의 조직구성과 인적자원관리에 대해 서술하였다. 그리고 제3부 외식창업과 사업계획서 작성에서는 외식창업의 경영, 외식창업의 유형에 대해 서술하였다. 부족하고 미비한 부분은 앞으로 계속 수정하고 보완해 나갈 것이며, 아무쪼록 본서가 외식산업을 전공하는 학생들이나 외식 관련 직무 종사자들에게 유용한 지침서가 되기를 바라는 마음이다.

끝으로, 이 책이 출판되기까지 많은 도움을 주신 지식인의 모든 분들께 감사를 드린다.

저자 일동

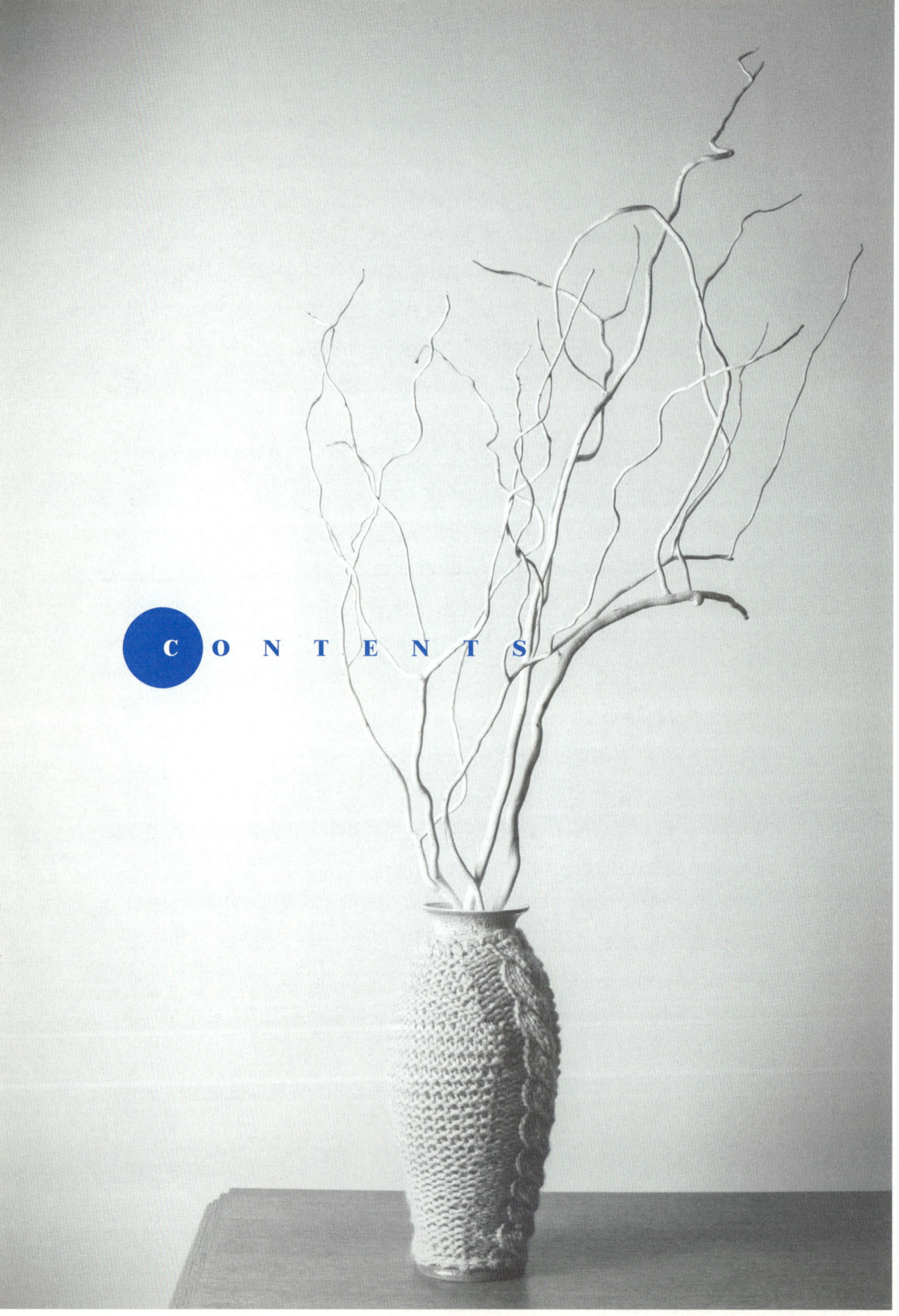

CONTENTS

외식산업의 이해

외식산업의 경영관리

외식산업의 이해

FOOD
SERVICE
INDUSTRY
MANAGEMENT

CHAPTER 01

외식산업의 의의

1. 외식산업의 정의

외식산업은 음식과 관련된 산업이며 식사와 직접적으로 관련을 맺고 있다. 식사(食事)란 사람이 식물(食物)을 먹고 음료(飮料)를 마시는 행위를 말하며, 식물이란 조리하여 먹을 수 있는 것을 의미한다. 그러나 일반적으로 식물보다는 식품(食品)이라는 용어를 더 많이 사용한다. 식품은 일련의 조리과정을 거쳐서 식물로 이루어지는 식물의 소재를 의미한다. 식물이 먹을 수 있는 실물로 존재하기 위해서는 안전성, 영양성, 기호성 등과 같은 기본적 조건이 확보되어야 한다. 또한 식물은 경제적, 편리성, 기능성 등 제한적 조건도 충족시켜야 한다. 아울러 식물마다 오락·건강지향 등의 편익을 제공받을 수 있는 부가가치적 조건도 갖추어야 한다.

외식(外食)이란 말을 『국어사전』에서 찾아보면 "가정이 아닌 밖에 나가서 음식을 사서 먹는 것"이라고 풀이되어 있다. 그러나 외식을 단순히 사전적 의미만으로 정의하기에는 미흡하다. 식생활이 바뀌면서 외식소비 패턴이 변화하고, 그에 따라 다양한 형태의 레스토랑이 등장하고 있기 때문이다. 따라서 외식을 정의할 때 식생활의 변화에 영향을 주는 모든 요인을 고려해야 한다.

외식은 인간의 식생활과 밀접한 관련을 맺고 있으며 밖에서 음식을 먹는 행위를 '외식(外食)'이라 한다. 가정의 식생활을 기준으로 구분할 때 가정 내의 식생활을 '내식(內食)', 가정 외의 식생활을 '외식(外食)'이라 한다. 외식이란 용어를 사용하기 시작한 것은, 미국의 경우 1950년대 공업화 단계에 진입하면서 Foodservice Industry 혹은 Diningout Industry로 불리어지기 시작했다. 일본에서는 1970년대 이후 「마스코미」지가 외식산업으로 번역하여 사용하기 시작했고, 1978년대에는 정부의 공식문서인 「경제백서」에 이 용어가 정식으로 포함되어 사용되었다.

일반적으로 외식산업은 가정 이외의 장소에서 요리나 음료를 제공하고 그 대가를 받는 것과 이를 영업으로 하는 것을 지칭한다. 외식산업의 근간을 이루고 있는 식당, 즉 음식점이라는 점포공간을 통해서 영업행위가 이루어진다. 외식산업이라는 현대적인 용어가 출현하기 전에는 식당업, 요식업, 음식업 및 외식업으로 불려왔지만, 서양에서는 음식을 판매하는 장소를 레스토랑이라고 부른다. 또 외식산업은 단순히 음식을 만들어 소비자에게 제공하는 산업일 뿐만 아니라 그 외에도 인적 서비스나 분위기, 식사와 관련된 모든 편익과 관련된 상품을 판매하는 복합적 산업이라 할 수 있다.

2. 내식 · 중식 · 외식의 개념

식사가 이루어지기 위해서는 식물이 제공되어야 하며, 식물이 제공되기 위해서는 식물을 조리하는 주체, 식물을 조리하기 위한 설비나 도구 등을 포함한 장소, 식물을 취식하는 장소가 필요하다. 조리주체 · 조리장소 · 취식장소 등 식물의 제공요건을 바탕으로 내식 · 중식 · 외식을 정의할 수 있다.

1) 내식

일반적으로 내식은 조리의 주체가 가정 내의 사람이고, 조리장소와 취식장소는 원칙적으로 가정 내에서 이루어지는 식생활의 형태라고 할 수 있다. 즉 진정한 의미의 내식은 음식물을 가정 내에서 생산하고 이 생산물을 섭취하는 것이라고 할 수 있으며, 조리의 장소와 섭취의 장소가 원칙적으로 가정 내인 경우이다. 그러나 음식의 생산과 판매장소를 고려하지 않고 내식에 대한 의미를 정확히 파악할 수 없다. 또 식사를 행하는 장소만을 두고 내식과 외식을 구분하는 것은 어려운 일이다. 가정에서 직접 조리하고 생산하여 식사를 하는 형태를 '내식적 내식'이라고 할 수 있으며, 외부에서 반제품이나 완제품을 준비하여 가정 내에서 식사하는 형태를 '외식적 내식'이라고 정의할 수 있다.

소득수준의 향상, 맞벌이부부와 독신자의 증가, 식사준비의 어려움 등과 같은 경제 · 사회 · 문화적 환경의 변화와 라이프스타일이 변화하면서 가정에서 식사를 하는 빈도는 점차 줄어들고 있다.

2) 중식

중식의 식사 형태는 외식과 내식의 중간적인 식사 형태라고 할 수 있으며, 넓은 의미의 외식에 중식을 포함시켜 외식을 보다 넓게 정의하고 있다. 속도와 편리성을 추구하는 현대인의 식생활의 요구에 맞추어 조리된 음식Ready to Cook의 구매 비중이 높아졌다. 중식은 대부분 조리 완료된 제품을 구입한 후 별도의 조리를 하지 않고도 소비할 수 있는 제품의 형태로 판매된다. 즉 조리 주체가 세대 외의 사람으로 조리장소는 원칙적으로 가정 외에 있으며 취식장소가 가정 내인 식사를 말한다. 인스턴트식품, 편의식품, 도시락, HRM 등과 같이 반조리 또는 완전조리된 음식을 Take-out, Delivery, Catering 등을 통해서 식사를 해결하는 형태를 말한다. 최근 미국에서는 HRMHome Meal Replacement이라는 용어를 많이 사용하고 있으며, 여성의 사회진출에 따른 맞벌이부부의 증가와 바쁜 사회생활, 독신의 증가, 재택사업SOHO의 확산, 요리에 들이는 시간보다는 여가활동에 대한 시간적 투자가 늘어나면서 간편하게 먹을 수 있는 HRM 제품이 활기를 띠고 있다. 현재 미국뿐 아니라 전 세계적인 추세로 급부상하고 있는 HRM은 간단하게 끓이거나 데우기만 하면 먹을 수 있는 간편식이기는 하나 햄버거나 치킨 등의 패스트푸드, 또는 반찬과는 달리 음식의 맛과 선도에 있어 훨씬 뛰어난 고급 일품요리라 할 수 있다. 식사시간은 짧지만 보다 맛있고 품위 있게 음식을 즐기려는 사람들이 HRM의 주된 소비층이라고 할 수 있다.

3) 외식

외식은 조리의 주체, 조리장소, 취식장소 등이 가정 외에 있는 식사의 형태이다. 일본의 「미야에이지」는 외식을 "외부에서 식사하는 것"으로 정의하고, 직장의 식당에서 하는 식사도 외식에 속한다고 하였다. 즉 외식이란 "가정 밖에서 이루어지는 식사행위를 총칭한다." 또는 "가정 밖의 식생활 전체를 총칭한다."라고 정의할 수 있다. 외식의 경우, 내식적인 외식과 외식적인 외식으로 구분할 수 있다. 가정 내의 조리품을 가지고 가정 밖에서 식사하는 형태를 '내식적인 외식'이라고 하고 가정의 연장성 식사 형태이다. 가정 밖의 음식점 등에서 대금지불을 통해 식사하는 형태를 '외식적 외식'이라 하며 순수외식을 의미한다.

외식의 정의는 학자들마다 다르기 때문에 외식의 범위를 명확하게 구분하기는 힘들다. 내식과 외식은 전혀 별개의 것이 아니며, 외식의 내식화와 내식의 외식화 또는 외식적 내식과 내식적 외식이 존재하고 있기 때문이다. 외식의 내식화란, 레스토랑에서 가공 · 조리 · 생산된 음식을 테이크아웃 또는 배달을 통해서 집에서 먹는 것을 말한다. 내식의 외식화란, 샌드위치 · 김밥 · 반찬류 등과 같이 보편적으로 집에서 만들어 먹을 수 있는 음식을 구매하여 집에서 먹는

표 1.1 내식과 외식의 분류

식 생 활			
내식(In-house)		외식(Eating-out)	
내식적인 내식	외식적인 내식	내식적인 외식	외식적인 외식
순수내식	가정과 관련된 식사분야		순수외식
• 가정 내 일상적 식사형태 • 가정에서 직접 조리 · 가공 • 가사노동(주부) : 조리 작업	• 반제품 또는 완제품을 구입하여 가정에서 식사하는 형태 • 테이크아웃, 배달	• 가정 내의 조리품을 이용해서 가정 밖에서 식사하는 형태	• 가정 밖의 음식점에서 대금을 지불하고 식사하는 형태(레스토랑에서의 식사) • 전문조리사에 의한 조리

것을 말한다. 그리고 내식과 외식의 중간영역인 중식도 보편적인 외식활동의 한 형태로 포함시켜야 한다.

3. 외식산업의 특징과 기능

1) 외식산업의 특징

외식산업은 생산과 판매가 동시에 이루어진다. 즉 제조업, 소매업, 서비스업의 특성을 모두 가지고 있는 독특하고 복합적인 산업이라고 할 수 있다. 음식을 만든다는 측면에서는 제조업이라고 할 수 있으며, 고객에게 식사를 제공하는 역할뿐만 아니라 서비스를 매우 중요시하며 서비스가 포함된 음식을 소비자에게 판매한다는 측면에서는 소매업이라고 할 수 있다. 이러한 외식산업의 복합적인 성격은 다음과 같은 다양한 특성을 지니고 있다.

(1) 높은 인적 의존성

외식사업을 인적사업이라 부르기도 한다. 이는 타 제조산업이 기술 · 자본집약적인데 비해, 외식산업은 인적 서비스에 의존도가 높은 노동집약적 산업이며 생산과 서비스 자동화의 한계 때문이다. 따라서 사람의 힘에 의존성이 높고 1인당 매출액이 타 산업에 비해서 낮다.

(2) 생산 · 판매 · 소비의 동시성

대부분의 제조산업은 소비자에게 상품이 전달되기까지 각 과정이 분리되어 있다. 즉 생산 공장, 판매 대리점, 소비자 소비가 각기 다른 장소에서 이루어진다. 그러나 외식산업은 제조 · 판매 · 서비스 · 소비가 동일한 장소에서 이루어진다. 주방에서 조리된 음식이 같은 장소에서 서비스와 함께 즉시 판매되고 소비되며 고객의 칭찬과 불만 같은 서비스에 대한 평가도 즉시 나타난다. 그러므로 일정시간 내에 원활하게 상품을 전달하기 위해서는 직원들의 신속성 및 정신적 · 육체적 집중력이 요구된다.

(3) 시간적 제약과 수요예측의 불확실성

외식산업은 타 산업에 비해 시간과 공간의 제약을 크게 받는 산업이며, 고객이 집중되는 한정된 식사시간 내에 매출이 발생한다. 따라서 한정된 영업장의 규모와 영업시간에 따른 적절한 인력관리 및 공간의 효율적이고 체계적인 관리가 요구된다.

(4) 높은 입지의존성

외식산업은 입지의존적인 사업이라고 해도 과언이 아닐 만큼 점포입지를 최우선으로 하는 입지사업이다. 제조업과 달리 외식산업은 음식의 생산과 판매가 동시에 이루어지기 때문에, 입지조건에 따라 사업의 성패를 좌우한다.

(5) 다품종 소량생산의 특성

외식산업은 타 산업에 비해 다품종 소량생산의 특성을 지니고 있다. 고객의 기호성에 의해 영향을 많이 받는다고 할 수 있으며, 한두 가지의 음식만을 전문적으로 취급하는 점포도 있지만 대부분은 여러 종류의 음식을 주문에 의해서 생산하고 판매한다.

(6) 낮은 식자재 원가 및 식자재의 부패성 용이

외식산업의 식자재 원가는 타 산업의 원자재 가격보다 낮은 편이며, 식자재비는 매출액의 30~35% 정도를 차지하고 있다. 그리고 상품구매가 현금으로 이루어질 경우 운영자금의 회전속도가 타 산업에 비해 빠른 편이라고 할 수 있다. 한편 타 상품의 자재는 어느 정도 보존이 가능하지만, 식자재는 상품의 보존 및 기간이 짧아서 부패의 위험성이 매우 크므로 장기간 보관하는 것이 불가능하다.

(7) 프랜차이즈 사업의 용이성

표준화Standardization, 단순화Simplification, 전문화Specialization의 3S시스템을 추구하는 사업이며 프렌차이즈 사업은 시스템 사업, 전문성 및 운영기법의 노하우를 바탕으로 체인망 구축, 차후에 다점포 전개, 관련 사업과 연계해서 진출하는 사업이다. 경쟁력 재고와 효율적 경영을 위해서는 매뉴얼 구축 및 시스템 정착화가 요구되며, 고도로 숙련된 운영기법을 가지고 동종 업태 또는 관련사업 경영의 다양화 및 다각화가 가능하다.

2) 외식산업의 기능

외식산업은 사람에게 식사의 생리적 요구는 물론 감각적 · 심리적 · 사회적 · 문화적 욕구를 만족시키는 기능을 갖는다. 즉 단지 식사를 하기보다는 각종 모임이나 회의장소로 이용될 수 있어서 사회적 · 문화적 기능을 갖는다고 할 수 있다.

고객이 외식을 하고자 하는 목적과 동기에 따라서 외식산업의 기능이 다를 수 있다. 예를 들어, 학교급식이나 산업체급식 등의 단체급식을 운영하는 곳에서는 교육이나 직원의 복지향상과 비영리 목적 달성의 수단으로 제공된다. 이러한 단체급식은 일상의 식사를 특정집단에 제공하기 때문에 식사의 대상이 집단화 · 대량화 · 일상화되어 있으며, 오락 · 화합 등의 기능보다는 안전 · 영양 · 작업효율 등 식사의 기초적 기능이 중요하다. 그러나 이러한 단체급식도 이제는 비영리 수단으로만 볼 수 없는 것이 최근의 추세이다.

(1) 외식 메뉴상품 제공

외식산업은 음식을 만들어 소비자에게 제공하는 산업이며 고객에게 이와 관련된 모든 편익과 인적 서비스, 분위기를 판매하는 산업이다. 메뉴는 외식산업의 핵심 아이템이라고 할 수 있으며, 주로 식사와 음료 등으로 구성된다. 고객의 필요와 욕구, 원가와 수익성, 이용가능 식품, 조리 설비, 메뉴의 다양성, 영양적 요소를 고려한 메뉴 계획이 필요하다. 그리고 메뉴에 따라서 서비스의 형식과 주방의 크기, 장비의 종류 및 설비 시설이 결정된다.

(2) 인적 및 물적 서비스 기회 제공

외식산업은 노동집약적 산업이고 인적 서비스가 제공되는 산업이다. 인적 서비스란, 대부분 종업원을 통해서 이루어지는 서비스를 의미한다. 물적 서비스란, 고객 중심의 편안하고 안락한 점포의 내적인 서비스의 연출을 들 수 있다. 표준화된 서비스 매뉴얼Service Manual에 의한 훈련을 통해서 서비스 질의 향상 및 서비스 생산성을 증진시켜야 하며, 이는 서비스의 본질과도 조화를 이루어야 한다.

(3) 편리성 제공

식생활 · 소비자욕구 · 외식형태 등이 변화하면서 식사를 가정에서 먹거나 가정에서 할 식사를 슈퍼마켓 또는 편의점에서 제공하는 도시락 · 샌드위치 등에 의존하는 경우가 증가하고 있다. 직접 업소를 방문하기 어려울 때 배달을 통한 편익을 제공하기도 하며, 편리한 주차공간 제공, 대중교통과 인접한 접근성 등의 입지 및 장소의 편리성과 편익성을 제공한다.

(4) 입지의 잠재적 기능

외식산업에서 입지(立地)가 차지하는 비중이 타 산업에 비해서 월등히 높기 때문에, 외식산업을 입지산업이라 부르기도 한다. 외식점포의 입지조건에 따라 사업의 방향이 결정되어지기 때문에 입지 의존적 기능은 매우 중요하다고 할 수 있다. 입지는 점포의 승패여부를 결정짓는 매우 중요한 요소이며, 한 번 정한 입지는 변경하는 것이 쉽지 않으므로 신중하게 결정해야 한다.

CHAPTER 02 외식산업의 분류

1. 업종 및 업태에 따른 분류

1) 업종

업종Type of Business은 영업의 종류를 말한다. 즉 외식업체에서 판매하는 음식을 단순하게 유형화한 것이며, 어떤 종류의 음식을 먹을 것인가에 따라 결정되는 메뉴의 1차적 구분을 의미한다. 업종은 영위하고 있거나 취급하고 있는 상품이나 메뉴의 대분류상의 기준으로 국가별 음식 형태로 구분하는 영업 형태를 의미한다.

외식사업은 한식, 일식, 중식, 영국식, 미국식, 이탈리아식, 프랑스식, 스페인식, 터키식, 멕시코식, 인도식, 베트남식 등으로 분류할 수 있다. 최근에는 동서양의 음식재료를 혼합하여 '퓨전'이란 이름의 유형을 생성하고 있다.

2) 업태

업태Type of Service는 고객의 외식동기와 다양한 취향이나 기능, 목적에 따라 세분화된 영업이나 사업형태별 소분류 단위를 말하며 구체적인 메뉴와 영업형태, 서비스방법 등에 따라 구분할 수 있다. 레스토랑을 방문하는 고객은 개인의 이용 목적과 동기, 즉 가격, 서비스 제공시간, 분위기, 콘셉트 등에 따라서 업태를 다르게 선택하게 된다.

따라서 고객은 '무엇을 먹을 것인가'라는 단순한 음식의 선택에서 벗어나 '어떻게 먹을 것인가'를 기준으로 선택하게 되며, 기업은 고객의 욕구를 파악하고 가격, 서비스, 분위기, 레스토랑의 입지를 결정하게 된다.

표 2.1 업종과 업태

구 분	업종(Tipe of Business)	업태(Tipe of Service)
분류기준	• 음식사업의 대분류 • 메뉴의 종류, 국가에 따른 분류 • 무엇을 먹을 것인가? • 무엇을 판매할 것인가? • 어떤 국가, 어떤 종류의 음식을 먹을 것인가?	• 음식사업의 소분류 • 가격, 서비스 형태, 입지, 분위기 등 외식의 목적과 동기 • 방법, 수준, 가격, 분위기 등을 어떻게 제공할 것인가? • 어떻게 먹을 것인가? • 어떻게 판매할 것인가?
사 례	• 메뉴의 1차적 구분 • 한식, 양식, 일식 등을 판매하는 음식의 종류 • 멕시코, 터키, 인도, 베트남, 태국, 필리핀	• 소고기, 돼지고기, 닭고기, 해산물 등 • 패스트, 패밀리, 캐주얼, 다이닝, 파인다이닝 • 카운터서비스, 테이크아웃 카페테리아

자료: 백남길 · 김장호, 외식창업경영, 지식인, 2014, 저자재구성

2. 분류기준에 의한 국내 외식산업의 분류

1) 상업적 외식사업

일반적으로 사용되고 있는 외식산업의 분류는 식사와 음식을 소비하는 급식 주체를 영업급식과 집단급식으로 구분할 수 있다. 영업급식은 오직 영리만을 목적으로 음식을 판매하기 때문에 상업적인 외식산업이라 할 수 있으며, 개인 또는 주식회사 등의 형태로 운영된다. 또 사업의 목적과 판매시장의 범위를 기준으로 일반적 외식사업과 제한적 외식사업으로 분류한다. 불특정 다수를 대상으로 하는 사업을 일반적 외식사업이라고 하며, 그 대상이 특정지역으로 제한되어 있는 사업을 제한적 외식사업이라고 할 수 있다.

2) 비상업적 외식사업

비상업적 외식사업은 주로 단체급식의 형태를 말하며, 단체급식은 조직구성원들의 사기진작과 복리를 목적으로 하기 때문에 비상업적 급식이라 할 수 있다. 학교 · 병원 · 군대 · 교도소 · 고아원 · 양로원 등에서 비영리를 목적으로 식음료를 제공하는 형태이다.

표 2.2 외식산업분류

상업적 외식사업		비상업적 외식사업
일반적 외식사업	제한적 외식사업	집단급식
• 한식, 중식, 양식, 일식, 기타 • 숙박시설, 레스토랑, 뷔페, 바 • 음료 및 다과점(커피, 차, 아이스크림) • 주류전문점	• 단체급식 • 출장연회 • 특수음식점(열차, 항공기, 선박)	• 학교급식(초 · 중 · 고 · 대학교) • 사업소급식(회사 · 공장 · 사무실) • 방위시설급식(군대 · 경찰) • 병원급식(일반식 · 특별식) • 사회복지급식(연수원 · 고아원 · 양로원)

자료 : 박기용, 외식산업경영학, 대왕사, 2009, 저자재구성

3. 국가별 분류

1) 한국의 분류

(1) 한국표준산업상 분류

한국표준산업 분류란, 국내의 모든 생산주체들이 수행하는 각종 산업활동을 산출물과 투입물의 특성, 생산활동의 결합형태 등의 기준과 원칙에 따라 체계적으로 유형화하거나 이를 부호화한 것이다. 이처럼 경영활동에 관련된 각종 통계를 작성하며, 이를 통일되게 적용하는 기준을 의미한다.

우리나라 정부는 1963년부터 유엔통계청에서 작성한 국제표준산업 분류방식에 따라 우리나라 산업의 특성에 맞는 '한국표준산업분류표'를 제정하여 사

용해 왔다. 표준산업 분류에서는 주로 메뉴를 기준으로 음식점을 분류하고 있다. 그러나 메뉴에 따른 단순한 분류는 빠르게 변화하는 외식산업 시장에서 서비스 수준·객단가 등 업태별 분석을 어렵게 하는 문제가 있으며, 또한 퓨전음식이나 다양한 메뉴의 혼합형 외식업소 등은 분류하기 어려운 한계가 있다.

표 2.3 한국표준산업 분류의 음식점업과 주점업

대분류	중분류	소분류	세분류	세세분류
숙박 및 음식점업	음식점 및 주점업	561 음식점업	5611 한식 음식점업	56111 한식 일반 음식점업
				56112 한식 면요리 전문점
				56113 한식 육류요리 전문점
				56114 한식 해산물요리 전문점
				56119 기타 외국식 음식점업
			5612 외국식 음식점업	56121 중식 음식점업
				56122 일식 음식점업
				56123 서양식 음식점업
				56129 기타 외국식 음식점업
			5613 기관구내식당업	56130 기관 구내식당업
			5614 출장 및 이동 음식점업	56141 출장음식서비스업
				56142 이동음식점업
			5619 기타 간이 음식점업	56191 제과점업
				56192 피자, 샌드위치 및 유사 음식점업
				56193 치킨전문점
				56194 김밥 및 기타 간이음식점업
				56199 간이음식 포장판매 전문점
		562 주점 및 비알코올 음료점업	5621 주점업	56211 일반유흥 주점업
				56212 무도유흥 주점업
				56213 생맥주 전문점
				56219 기타 주점업
			5622 비알코올 음료점업	56221 커피전문점
				56229 기타 비알코올 음료점업

자료 : 한국표준산업분류(KSIC), 한국외식산업통계연감 2017

(2) 식품위생법상 분류

「식품위생법」은 식품으로 인해서 발생하는 위생상의 위해요소를 방지하고, 식품에 관한 올바른 정보를 제공하여 식품의 영양을 질적으로 향상시킴으로 국민보건 증진에 이바지함을 그 목적으로 한다.

「식품위생법」에 준거하여 분류한 영업의 범주를 정의하면, 농업 및 수산업에 속하는 식품의 채취업을 제외한 식품 또는 첨가물을 채취 · 제조 · 가공 · 수입 · 조리 · 저장 · 운반 또는 판매하거나 기구 또는 용기 · 포장을 제조 · 수입 · 운반 · 판매하는 업이 포함된다.

「식품위생법시행령」 제7조 '영업의 종류'에서는 식품접객업이라는 용어로 외식사업의 종류 및 영업내용을 명시하였는데, 식품접객업은 음식류 또는 주류 등을 조리 · 판매하는 영업으로서 음식점업과 주점영업으로 구분되며, 세부적으로는 휴게음식점영업 · 일반음식점영업 · 단란주점영업 · 유흥주점영업 · 위탁급식영업 · 제과점영업 등으로 분류된다.

① 휴게음식점업

음식류를 조리 · 판매하는 영업으로서 음주행위가 허용되지 아니하는 영업이다. 다류, 아이스크림류, 빵, 떡, 과자 등을 조리 · 판매하는 패스트푸드점, 분식점 형태의 영업이다.

② 일반음식점업

음식류를 조리 · 판매하는 영업으로써 식사와 함께 부수적으로 음주행위가 허용되는 영업이다.

③ 단란주점업

주류를 조리 · 판매하는 영업으로 손님이 노래를 부르는 행위가 허용되는 영업이다.

④ 유흥주점업

주로 주류를 조리 · 판매하는 영업으로 유흥종사자를 두거나 시설을 설치할 수 있으며, 노래를 부르거나 춤을 추는 행위가 허용되는 영업이다.

⑤ 위탁급식업

집단급식소를 설치 · 운영하는 자와의 계약에 따라 집단급식소 내에서 음식류를 조리 · 제공하는 영업이다.

⑥ 제과점업

빵, 떡, 과자 등을 제조 · 판매하는 영업으로 음주행위가 허용되지 않는 영업이다.

표 2.4 식품위생법시행령상 분류(제21조) (2017년)

구 분	영 업 내 용	행정절차
휴게음식점영업	주로 다류(茶類), 아이스크림 등을 조리 · 판매하거나 패스트푸드점, 분식점 형태의 영업 등 음식류를 조리 · 판매하는 영업으로서 음주행위가 허용되지 아니하는 영업. 다만, 편의점, 슈퍼마켓, 휴게소, 그 밖에 음식류를 판매하는 장소(만화가게 및 「게임산업진흥에관한법률」 제2조 제7호에 따른 인터넷컴퓨터게임시설제공업을 하는 영업소 등 음식류를 부수적으로 판매하는 장소를 포함한다)에서 컵라면, 일회용 다류 또는 그 밖의 음식류에 물을 부어주는 경우는 제외	신고
일반음식점영업	음식류를 조리 · 판매하는 영업으로서 식사와 함께 부수적으로 음주행위가 허용되는 영업	신고
단란주점영업	주로 주류를 조리 · 판매하는 영업으로서 손님이 노래를 부르는 행위가 허용되는 영업	허가
유흥주점영업	주로 주류를 조리 · 판매하는 영업으로서 유흥종사자를 두거나 유흥시설을 설치할 수 있고 손님이 노래를 부르거나 춤을 추는 행위가 허용되는 영업	허가
위탁급식영업	집단급식소를 설치 · 운영하는 자와의 계약에 따라 그 집단급식소에서 음식류를 조리하여 제공하는 영업	신고
제과점영업	주로 빵, 떡, 과자 등을 제조 · 판매하는 영업으로서 음주행위가 허용되지 아니하는 영업	신고

자료 : 법제처 국가법령정보센터(http://www.law.go.kr) (2017)

2) 미국의 외식산업분류

(1) 북미산업분류체계에 의한 분류

미국은 표준산업분류SIC를 북미산업분류체계NAICS : North America Industry Classification System로 개편하였다. 대분류의 숙박 및 푸드서비스, 중분류의 푸드서비스와 음료판매, 소분류의 풀서비스 레스토랑, 한정적 서비스레스토랑, 스페셜 푸드서비스, 주류판매소로 분류하였다.

표 2.5 북미산업분류체계

대분류	중분류	소분류	세분류
72 숙박 및 푸드 서비스 (Accommodation and Food Services)	722 푸드 서비스 및 음료판매소 (Food Services and Drinking Places)	7221 풀서비스 레스토랑 (Full-services Restaurants)	• 풀서비스 레스토랑 (Full-services Restaurants)
		7222 한정적 서비스 레스토랑 (Limited Service Eating Places)	• 한정적 서비스 레스토랑 (Limited Service Eating Places) • 카페테리아 (Cafeteria) • 스낵 & 비알코올음료바 (Snack and Nonalcoholic Beverage Bars)
		7223 스페셜푸드 서비스 (Special Food Services)	• 계약 푸드 서비스 (Food Service Contractors) • 출장 (Caterers) • 이동 푸드서비스 (Mobile Food Services)
		7224 주류판매소 (Drinking Places)	• 주류판매소(Drinking Places) : Alcoholic Beverage

자료 : 박기용, 외식산업경영학, 대왕사, 2009

(2) 미국레스토랑협회NRA의 외식산업분류

미국레스토랑협회NRA : National Restaurant Association가 불특정 다수를 대상으로 영리를 목적으로 하느냐에 따라 상업적 외식사업과 비상업적 외식사업으로 분류하고 있다. 상업적 외식사업은 영리를 목적으로 음식을 판매하는 경영활동이 포함되며, 비상업적 외식사업은 학교, 회사, 군인 등과 같은 단체에 음식을 제공하는 형태이다.

표 2.6 미국레스토랑협회의 분류

대분류	중분류	소분류
상업적 외식사업 (Commercial Restaurant Services)	일반적 외식사업 (Eating Place) 계약외식 사업 (Food Contractors)	• 풀서비스 레스토랑 (Full-services Restaurants) • 한정적 서비스 레스토랑 (Limited Service Eating Places) • 상업적 카페테리아 (Commercial Cafeteria) • 사회적 음식 조달업 (Social Caterers) • 바, 선술집 (Bars and Taverns)
	숙박외식사업 (Lodging Place)	• 호텔 레스토랑 (Hotel Restaurants) • 모텔 레스토랑 (Motel Restaurants) • 모터-호텔 레스토랑 (Moter-hotel Restaurants)
비상업적 외식사업 (Noncommercial Restaurant Services)	단체급식사업 (Institutional Restaurant Services)	• 산업체 (Employee Restaurant Services) • 국 · 공립 초 · 중 · 고등학교 (Public and Parochial Elementary Secondary School) • 대학교 (Colleges and Universities) • 교통시설 (Transportation) • 병원 (Hospitals) • 사회복지시설 (Nursing Homes, Homes for The Aged, Blind, Orphans and The Mentally and Physically Disabled) • 클럽 및 스포츠와 오락시설 (Clubs, Sporting and Recreation Camps) • 지역센터 (Community Centers)
	군대급식사업 (Military Restaurant Services)	• 장교, 하사관 클럽 • 일반군인급식

자료 : Restauants USA; 박기용, 외식산업경영학, 대왕사, 2009, 저자재구성

3) 일본의 외식산업분류

일본의 외식산업 분류는 일본통상산업성(日本通商産業省)에서 상업통계의 목적으로 작성된 표준산업분류표에 따르는 것이 가장 일반적이다. 표준산업분류표에서 제공하는 상품이 알코올을 포함한 음료인가의 여부에 따라 음식을 급식하는 일반음식점, 알코올을 포함한 음식을 주로 제공하는 유흥음식점으로 분류하고 있다. 일반음식점은 식당, 레스토랑, 소바·우동점, 스시점, 기타 일반외식업소 등으로 분류하였고, 유흥음식점은 요정, 바, 카바레, 나이트클럽, 주장, 비어홀 등으로 분류하였다.

표 2.7 외식산업총합조사연구센터의 외식산업분류

대분류	중분류	소분류
급식주체부분	영업급식	• 일반식당 : 레스토랑, 메밀, 우동점, 초밥집, 기타음식점 • 특수형태음식점 : 열차식당, 기내식, 요리품소매업 • 숙박시설 : 호텔, 여관
	집단급식	• 학교(대면급식, 도시락) • 사무실 • 병원 • 사회복지시설
요식주체부분	일반요식	• 커피숍, 찻집, 맥주홀 등
	특수요식	• 요정, 바, 카바레, 나이트클럽 등
요리품 소매업(도시락, 급식 포함)		

자료 : 외식산업총합조사연구센터, 2001; 양춘희 외, 외식산업의 경영, 북코리아, 2003, 저자재구성

CHAPTER 03 외식산업의 성장과 발전

1. 외식산업의 성장

인류가 태동하면서부터 음식은 인간의 생존을 위해 반드시 필요한 것이지만, 모든 사람들에게 음식이 항상 같은 의미로 해석되지는 않을 것이다. 다양한 환경과 상황 및 시간적 요인들에 따라 음식은 생존을 위한 필수적인 요인으로 작용할 수도 있으며, 또 다른 누군가에게는 맛을 음미하며 즐기는 대상이 될 수도 있다.

음식의 역사와 관련된 책들을 살펴보면, 고대인들은 어떤 음식을 어떻게 먹을지 보다는 음식을 구할 수 있는지의 여부가 더 중요한 관심사였다. 기원전 1만 년 전부터 고대인들은 자연에서 채취하여 섭취하던 방식에서 벗어나, 음식이라는 개념을 가지고 농사를 짓고 가축을 사육하기 시작하였다. 이와 같은 음식의 기본적인 섭취방식 및 가치관의 변화는 사람들의 생활방식의 변화를 가져오면서 생존의 필요조건이던 단순한 음식 섭취가 현대에는 환경변화와 함께 외식문화가 새롭게 형성되고 있다.

외식사업의 발전 배경에는 일반적인 경제적 요인과 사회여건의 변화, 문화적 요인, 기술적 환경변화, 외식의 기회확대, 고객의 변화 등 여러 가지 발전요인이 있다. 외식산업의 성장원인에 대해 살펴보면, 경제발전에 따른 여가시간의 증대, 소득의 증가, 여성의 사회진출 및 맞벌이가구의 증가, 웰빙에 대한 관심 증가, 핵가족 및 1인가구의 증가와 가치관의 변화 등을 들 수 있다.

1) 경제적인 영향

국민소득의 증가에 따라 가처분소득이 늘어났으며, 이는 외식의 동인으로 매우 중요한 위치를 차지하고 있다. 가처분소득의 증가는 여가에 대한 가치관에 새로운 변화를 가져오게 되면서 문화 및 레저활동 등에 대한 소비활동을 촉진시켰으며, 여가문화의 일환으로 외식이 매우 큰 비중을 차지하게 되었다.

가처분소득
어느 일정기간에 개인이 소득과 실제로 자유롭게 소비 또는 저축으로 처분할 수 있는 소득, 즉 개인소득에서 개인의 세금과 세외부담금, 이자지급금 등 비소비 지출을 공제하고 여기에 이전소득(사회보장금, 연금 등)을 포함한 것을 말한다.(가처분소득 = 개인소비 + 개인저축)

표 3.1 도시 월평균 외식비 지출액 및 외식화율(2000~2016년) (단위 : 원)

연 도	소비지출	식료품비	음식 · 숙박비	외식비	외식화율(%)
2000	1,483,852	248,736	188,206	184,885	42.64
2001	1,600,390	250,644	204,003	200,401	44.43
2002	1,669,684	256,170	215,730	212,098	45.29
2003	1,757,054	259,256	244,466	239,846	48.06
2004	1,848,708	273,680	265,117	260,736	48.79
2005	1,925,602	276,859	268,029	262,715	48.69
2006	1,997,449	279,767	270,850	264,873	48.63
2007	2,072,589	282,415	281,909	275,286	49.36
2008	2,179,613	304,593	299,188	292,773	49.01
2009	2,179,875	301,403	284,883	280,041	48.16
2010	2,312,540	319,704	296,107	290,943	47.65
2011	2,404,259	341,077	306,159	300,167	46.81
2012	2,485,245	351,257	319,120	312,614	47.09
2013	2,507,009	350,528	327,007	319,171	47.66
2014	2,566,896	351,932	340,570	331,113	48.48
2015	2,577,379	354,246	345,805	336,374	48.71
2016	2,572,560	348,834	350,723	340,314	49.38

자료 : 통계청, 가계동향조사
※ 외식화율(%) : 외식비 / (식료품비 + 외식비) × 100

2) 사회적인 영향

국가발전에 따른 사회적 변화 또한 외식산업의 성장 및 발전에 중요한 영향을 미친 요인 중 하나이다. 우리나라의 가족 핵가족화 경향은 가족단위의 외식을 보다 용이하게 하는 요인이 되었으며, 도시 인구의 증가, 도시가구 수의 증가는 식생활의 의식화에 또 다른 촉진요인이 되었다. 또한 여성의 사회진출이 늘어나고 맞벌이부부 증가, 1인가구 증가, 고령인구 증가로 인한 가정개념의 변화, 고객의 욕구개념의 변화 등으로 인해 외식 소비행태는 더욱 다양화되면서 외식의 동기유발을 촉진시킨 것이다.

3) 문화적 요인

문화적 요인의 변화는 외식에 대한 수요를 증가시키는데 영향을 미치는 요인으로, 문화의식이 향상되고 소비자의 욕구변화 및 식생활의 서구화, 유학생들의 증가 등으로 음식이라는 것이 생존의 수단이라는 생각에서 벗어나 문화를 즐기고 자아를 충족할 수 있는 단계로 변화하고 있다. 특히 주 5일제 근무제의 확산으로 인한 여가시간의 증대는 라이프스타일의 변화와 더불어 국민의 문화적 욕구 수준을 다양화 · 세분화 · 고급화되면서 외식 또한 문화생활의 일환으로 그 역할이 증대되었다. 즉 외식업체는 단순히 음식을 먹기만 하는 장소가 아닌 여가 · 사교 · 편의시설 등의 복합문화 공간으로 변화되고 있다.

4) 기술적인 영향

자동화의 발달과 함께 주방기기의 과학적 시스템화 및 현대화로 음식의 대량생산이 가능해지고 발전하였으며, 컴퓨터의 보급 및 확산으로 인터넷을 통한 정보교환이 가능해졌다. 또한 저장 및 포장 기술의 발전과 첨단산업의 도입으로 생산성 향상과 원가의 절감에 효과를 볼 수 있었으며, 테이크아웃Take Out을 통한 외식증대 현상을 유발하였다.

그 밖에 효율적인 식당관리방식 도입, CKCntral Kitchen시스템, POSPoint of Sale)시스템, ERPEnterprise Resource Management시스템, HACCPHazard Analysis Critical Control Point의 도입 등을 들 수 있다.

5) 외식화 추세의 영향

도시화와 국제화에 따라 가정 밖에서 보내는 시간이 크게 늘어났으며, 교통수단이 발달함에 따라 외식의 기회가 늘어나고 있다. 인구성장 및 사회구조의 변화, 소득수준의 향상으로 소비자의 라이프스타일은 합리적이면서 실용적인 것을 선호하는 방향으로 변화하였으며, 이러한 고객욕구 변화에 따라 외식산업 업종·업태가 다각화되어 새로운 맛과 간편하고 편리한 식생활을 추구하게 되는 것이다.

2. 국내 외식산업의 발전

1) 조선시대

조선시대를 살펴보면, 교통·통신기관인 '역'은 국가의 명령이나 공문서, 중요한 군사정보의 전달, 사신왕래에 따른 영송과 접대 등을 위해 마련된 기관이었으며, '원'은 그들을 위해 마련된 일종의 공공 여관이었다. 주로 공공업무를 위한 여관이었으나 제한된 민간인들에게 숙식을 제공하기도 하였다. 그러나 임진왜란과 병자호란을 거치면서 '점사'라는 민간 주막이나 여관들이 관리들도 지방의 관리대접을 받아 '원'의 이용이 줄어들게 되면서 '원'의 역할은 점차 사라지고 지명에 그 흔적만 남게 되었다.

또한 농촌사람들이 필요로 하는 생필품들을 공급하는 행상의 수가 적어 영리를 목적으로 할 수 있는 식당을 개업하기에는 비경제적이라는 점을 알 수가 있다. 그 결과 대부분의 행상은 농촌의 농가에서 먹는 것과 잠잘 곳을 해결할 수밖에 없었으나, 공무로 이동하는 관리들의 경우 '역'과 '원'이 있어 그곳에서 먹고 쉴 곳을 제공해 주었다. 자급자족으로 생활을 꾸려가던 시대에는 대중을 위한 식당이 발전할 수 있는 조건이 형성될 수 없음을 알 수 있다.

또한 시장이 생기기 시작하자, 장이 서는 날을 중심으로 주변사람들이 많이 보이고 사람이 모이는 곳이기 때문에 먹을 곳과 마실 곳이 생겨나기 시작하였으나, 장이 파하면 사람들이 모두 떠나기 때문에 상설음식점이 생길 수 있는 조건이 되질 않았다. 하지만 포구의 경우에는 전국 각지에서 사람들이 모여 항상 상거래가 이루어지기 때문에 상설음식점이 생길 수 있는 조건을 갖추고 있어 많은 음식점과 술집들이 생겨나기 시작하였다.

조선시대 말엽에는 서울거리에 모주와 비지찌개를 파는 노상주점이 생겨 가난한 사람들의 허기를 채워 주었으며, 내외주점이라 하여 여염집 아낙네나 과수댁이 생활이 궁핍하여 술을 파는 주점이 생겨났다. 여인숙에서도 음식을 파는데, 음식값만 지불하면 숙박료를 받지 않았으나 1실에서 수십 명씩 묵기도 하였다.

개화기와 일제시기를 거치면서 우리나라에는 구미인, 일본인, 중국인들이 들어오고 이들로부터 새로운 음식이 전래되었다. 그러나 개화기와 일제시기를 거치면서 한국식과 서양식, 그리고 저급과 고급 이중구조의 양극화된 외식문화의 변화가 나타났다. 조선후기에 서양문물을 받아들이고 일본에서 유학한 유학생, 신교육을 받은 사람들, 일제와 손을 잡고 살아가는 친일파들을 위한 고급요리집이 생겨났다. 그리고 외국인들이 모이는 사교장이 생기고 외국인들을 위한 일식, 양식 음식점과 중식 음식점들이 등장하였다.

2) 혼돈의 시대 외식업(1950년대)

1945년 해방과 함께 일제가 물러가고 미군정시대를 거쳐 1948년 임시정부가 수립되었지만, 이어 발발한 한국전쟁의 여파로 민중의 굶주림은 계속되었다. 혼돈의 시대였던 한반도는 먹을 것이 있다는 것만으로도 행복해야 했던 시절이었으며, 먹는 것이 삶의 최고가치가 되어버렸던 시기이다. 그러나 1945년까지 음식점의 수는 약 166개로 추정되었으며, 1950년대까지는 주막이나 주식점, 목로주점 등의 전통음식점 형태가 하나둘씩 생겨나 한국외식산업의 태동기를 맞이하게 되었다. 이 시기에 생겨난 음식점은 '이문설렁탕(1901)', '용금옥(1930)', '한일관(1934)' 등 설렁탕, 해장국이 주류인 전통음식점 중심이었다.

3) 분식의 태동기(1960년대)

1960년대에 1인당 GNP 100~210달러의 한국은 식생활의 궁핍과 침체로 외식산업이 본격적으로 나타나지 못했지만, 영세한 음식점 및 노점상들이 대거 출현했던 시기이다. 미국 원조품인 밀가루의 영향으로 밀가루 위주의 식생활이 시작되었으며, 라면의 효시인 '삼양라면'이 1963년에 최초로 시판되었다. 그리고 서구식 식생활인 제과 · 제빵 · 과자 · 국수 등의 업소들이 출현하였다. 밀가루 예찬론, 혼 · 분식 장려운동, 유휴산지 개간, 국민 절제운동 등을 한 1960년대 서민들의 삶은 고달프고 살기 힘든 시기였다. 이 시기의 한국 외식시장은 보잘 것 없는 자영업 수준으로 주로 밥집, 설렁탕, 라면, 칼국수, 냉면, 불고기와 갈비 등을 주 메뉴로 하는 생계형이 대부분이었고, 전통에 대한 재조명을 시작한 시기라고도 볼 수 있다.

4) 패스트푸드 도입(1970년대)

1970년대는 1960년대의 노력으로 인해 GNP 248달러에서 1,644달러로 성장한 시기이다. 식생활 수준의 향상과 핵가족화로 인해 식생활에 구조적인 변화가 일어나기 시작하였다. 1970년대 식생활과 관련된 최대의 변수는 도시가스의 도입으로 연탄시대를 마감하게 된 것이다. 식품점과 식당, 가정의 식탁에는 요구르트, 케첩, 마요네즈, 생수, 과즙탄산음료, 1962년에 시판 금지되었던 쌀 막걸리가 부활하였고 전자레인지, 커피자판기, 생맥주, 롯데리아 같은 햄버거 하우스가 최초로 등장하였다. 그러나 1970년대 우리의 식품으로 개발된 것이 아니라, 서양식을 그대로 수용한 것이었다.

1975년에는 '림스치킨'이 최초의 프랜차이즈 형태를 도입해 외식산업에 다점포화를 추구하였으나, 10월 소공동에 오픈한 '롯데리아' 1호점이 들어서면서 서구식 외식시스템의 시발점이 되어 현대적 의미에서 시스템화 된 형태의 프랜차이즈이다. 또한 GNP 넘어서는 시기를 기점으로 육류소비량이 급증하였으며, 고추와 마늘의 섭취량이 늘어나기 시작하였다.

이 시기에 '한식'하면 떠오르는 음식은 설렁탕 등의 국밥류였다. 그러나 이 무렵부터 삼겹살, 갈비, 등심 등과 같이 고기를 구워먹는 문화가 일반화되었고, 경양식집이 오늘날의 이태리음식점과 같은 대접을 받았으며, 전기통닭, 닭갈비, 부대찌개 등이 유행하는 아이템들이었다.

5) 올림픽으로 인한 외식산업 발전(1980년대)

1980년대에는 자동차 100만대를 돌파하였으며, 1986년에 아시안게임을 개최하였고, 88년에는 올림픽이 개최되었다. 경제가 성장하면서 음식에 대한 가치관은 물질 충족의 단계에서 질적인 생활수준 향상으로 변화하던 시기였다.

1980년대부터 GNP 2,000달러를 뛰어넘었으며, 1970년대 1인당 40g에서 1985년 200g으로 육류의 섭취량이 급격히 증가한 시기이다. ○○가든, ○○갈비 같은 대형 고기집들이 우후죽순처럼 생겨났으며, 고기를 덩어리째 양념해서 구워먹는 주물럭이 유행하기도 했다. 기존의 요식업 · 식당업의 명칭이 사라지고 외식산업으로 발전하면서 다양한 업종과 업태의 출현이 가속화되었으며, 춘천 막국수나 닭갈비, 아구찜, 보리밥 등의 향토음식이 별미음식으로 상품화되어 서울로 진출하였다.

이 시기에 외식산업은 1980년대 초부터 외식의 유명 체인호텔과 외국계 패스트푸드점이 대거 한국에 상륙하였다. 1986년 아시안게임과 1988년 서울올림픽과 같은 축제에 편승하여 외국의 유명 브랜드들이 한국에 정착하게 되었다. 1985년 미국 피자헛, 피자인, 1989년 도미노피자와 시카고피자, 지금은 없어진 패밀리레스토랑의 효시인 코코스, 대표적인 패스트푸드 전문점인 맥도널드, 원두커피의 1세대인 쟈르뎅, 도토루의 출현으로 우리 전통음식 중심 외식업의 기반이 새롭게 재편되는 시기이기도 했다.

6) 패밀리레스토랑의 성장(1990년대 이후)

1990년대가 한국 외식산업의 본격적인 성장기라 할 수 있다. 국민소득의 꾸준한 증가와 여가생활의 급격한 증가는 중 · 대기업의 외식산업 신규진출 가속화, 학교급식에 따른 단체급식의 급격한 증가, 해외 유명브랜드 도입, 패밀리레스토랑 급성장 등 외식산업이 활발하였다.

1990년대 외식산업 성장의 주역은 패밀리레스토랑을 꼽을 수 있다. 새로운 콘셉트로 레스토랑이 나타났으며, 외국계 패밀리레스토랑의 출현을 고품격 신업태로 받아들였다. 우리나라 패밀리레스토랑의 효시는 1988년 서울올림픽 때 일본 코코스사와 기술을 제휴한 미도파의 코코스레스토랑이 개점한 이래 1992년 캐주얼 다이닝 레스토랑T.G.I. Friday's을 개점하였고, 1993년 판다로사 등이 출점하면서 국내 외식시장의 판도를 패스트푸드에서 패밀리레스토랑으로 바꾸어놓았다. 이후 베니건스, 아웃백 스테이크 하우스, 마르쉐 등 10개 외국 브랜드명을 가진 패밀리레스토랑이 등장하였다.

1997년 한국경제는 IMFInternational Money Fund 국제금융시대로 접어들면서 사회전반에 걸친 소비축소 현상이 나타나면서 외식업계 또한 엄청난 시련을 겪었다. 경기침체는 실직자의 증가로 이어졌으며, 가계소득의 감소를 체감하게 되었다. 가계소득의 감소는 외식비와 같은 필요 이외의 지출을 최소화하거나 억제하게 만들었으며, 이는 외식 빈도가 감소하고 객단가가 낮아진다는 것을 의미한다.

7) 2000년 이후에서 현재

1997년 IMF로 인한 경기침체에서 2년만에 벗어난 우리나라는 빠르게 경기를 회복해 나갔다. 하지만 외식업계는 2003년 말 광우병과 조류독감AI의 발병으로 소고기전문점과 닭 · 오리전문점들의 매출이 90%까지 하락하였으며, 불량만두 사건이 발생하는 등 식품위생과 관련된 사고들이 잇따라 발생하면서 위기를 맞게 되었다. 불황을 타개하고자 2005년에 들어서면서 1,000원 김밥, 1인분에 3,000원짜리 삼겹살, 9,900원 회 등 초저가 메뉴들이 등장하였다. 1990년 후반 국내 외식업계에 웰빙 신드롬이 불면서 유기농제품만 취급하는 전문매장이 생겨났으며, 외식업소에서도 너나없이 유기농 · 친환경 농산물을 이용한 메뉴를 선보였다.

2000년대 한국의 외식시장은 1990년대 연속선상에서 기존의 콘셉트에 대한 변화와 사업영역 확대 등과 같은 새로운 시도를 경험하고 있다. 2000년대 초에는 일본식 선술집인 이자까야가 등장하여 유행을 타는 듯했지만 오래가지 않아 시들해졌으며, 2003년부터 선보이기 시작한 하우스맥주 전문점이 새로운 콘셉트로 소개되었으나 정착하지 못했다. 1호인 코코스가 2004년 문을 닫았으며, 2002년에는 판다로사가, 2003년에는 하디스가 문을 닫았으며, 그동안 한국 외식시장에서 성공했던 외국계 패밀리레스토랑과 패스트푸드 전문점들이 그 위력을 잃어갔다. 또한 해를 거듭해 갈수록 체인사업체가 늘어가고 전통적인 밥집 형태의 영세한 외식업체는 줄어가고 있다.

1998년에 문을 연 할리스커피의 뒤를 이어 1999년 말 스타벅스, 커피빈 등으로 한국 커피시장이 새롭게 열리게 되었으며, 이디야, 할리스, 엔젤리너스, 탐&탐스, 카페베네 등 많은 커피전문점이 원두커피 시장과 테이크아웃 커피문화를 바꾸어놓았다. 기업형 베이커리 전문점이 그 영역을 동네상권으로 확대하고 있으며, 상품 또한 '베이커리 + 커피 + 샌드위치 + 샐러드'라는 복합매장의 형태로 운영방식 또한 바뀌어가고 있다.

점차 국내경제가 2010~2013년까지 저성장기를 거쳐 2014년부터 현재 성숙기에 접어들면서 외식업계는 규모와 매출의 양극화가 더욱 심화되면서 가격대비 가치를 추구하는 가성비가 소비트렌드로 주목을 받고 있다. 이에 HMRHome Meal Replacement 제품과 편의점 도시락이 인기를 끌며 외식업소의 강력한 경쟁자로 부상하고 있다. 또한 2016년 기준 1인가구수가 520만3,000가구로 5년 전 106만1,000가구에 비해 256% 증가하여 나홀로족이 새로운 소비층으로 부상하면서 1인가구와 나홀로족을 겨냥한 다양한 제품과 서비스가 등장하고 있다. 외식업소의 1인 메뉴와 1인 좌석이 생겨났으며, 외식사업과 IT산업을 접목한 소셜커머스 입점, 배달 애플리케이션 등 다양한 IT기반 서비스가 외식산업계 전반에 걸쳐 정착되고 있다.

3. 미국 외식산업의 발전

1) 1920년대(음식업의 태동기)

1827년 미국 외식산업의 태동기였으며, 델모니코스Delmonico's 레스토랑에서 시작되어 케이크와 와인을 판매하는 오늘날과 같은 현대적인 콘셉트로 운영하였으며, 1923년에는 뉴욕을 중심으로 9개의 레스토랑을 개업하였다. 영국에서 이민 온 프레드 하베이Fred Harvey가 1876년 캔자스의 토페카역에 레스토랑을 개점한 이후 애치슨역과 산타페역 등과 제휴하여 개점하였다. 또한 최초로 열차

내 식당과 구내 음식점을 운영하였으며, 나아가 65개의 레스토랑과 60개의 다이닝카를 운영하였다. 이것이 바로 대규모 체인레스토랑의 개시라고 할 수 있으며 실질적으로 외식산업이 도입된 시기라고 할 수 있다.

J. R. 톰슨사Thompson는 1926년에 중서부와 남부에 126개의 레스토랑을 운영하면서 당시의 음식점의 서비스방식과는 다르게 풀서비스방식에서 셀프서비스방식의 시스템을 도입하여 간단한 아침식사의 구성 및 테이블의 규격화 등을 실시하였다. 또한 센트럴키친Central Kitchen시스템을 도입하면서 원가절감효과 및 표준화된 대량생산체제를 실현할 수 있었으며, 이는 오늘날 패스트푸드의 원시적인 형태라 할 수 있다.

2) 1930년~1940년대(요식산업의 외식산업 전환기)

1930년대에는 자동차의 보급과 더불어 개인소득의 증가로 외식이 전국적으로 성행하기 시작하였으며 새로운 형태의 외식업체가 등장하기 시작하였다. 또한 1937년 항공기시대에 맞추어 기내식이 시작되었으며, 시스템화로 인하여 요식업에서 외식산업으로 변화하는 시기라고 할 수 있다. 이 시기에 하워드 존슨사가 대도시 교외의 로드 사이드에 레스토랑을 개업하였으며, 1937년 메리어트사가 최초로 기내식을 도입하였고, 1941년 던킨도너츠사의 도넛을 출점하면서 외식산업으로서의 기반을 마련하였다.

1904년대에는 제2차 세계대전으로 미국의 경제 · 사회구조의 전반을 변화시켰으며, 특히 핵가족화, 소득증대, 여성의 사회진출 등 전쟁 이전과는 다른 사회구조를 나타내면서 외식산업 발전에 확고한 기틀을 마련하는 계기가 되었다. 스카이 쉐이프사가 1942년에 학교급식을 시작하였으며, 1946년에는 연방정부에서 국립학교 점심식사에 관한 법령을 제정하면서 국가적인 차원에서의 단체급식 프로그램으로 확대해 나갔다.

3) 외식산업의 도약기(1950년대)

1950년대는 제2차 세계대전 이후 미국의 최대 경제부흥기로 외식산업과 호텔이 프랜차이즈시스템과 혁신적인 경영관리체제가 동시에 이루어진 전환과 약진의 시기였다. 이 시기에 미국은 관광산업이 급속도로 발전하여 일반 소매업체의 연간 성장률이 6%인데 반하여, 외식산업의 성장률은 10~11%로 놀라운 성장을 하였다. 이러한 큰 성장요인은 단체급식의 증가와 패스트푸드의 등장으로 공장과 회사에서 직원을 위해 식사를 제공했기 때문이다.

1948년 맥도날드 형제가 캘리포니아에 개점한 햄버거레스토랑은 1955년 레이 크락Ray Kroc이 인수하면서 본격적인 프랜차이즈 사업을 시작하였다. 이 시기에는 1952년 KFC, 1953년 피자헛, 1954년 버거킹 등이 개점하여 본격적인 패스트푸드 시대의 도입기라고 할 수 있다.

맥도날드는 음식업에 과학적 관리기법의 시도와 빠른 시간 내에 고객을 접대할 수 있도록 메뉴품목의 단순화, 조리공정의 개선, 셀프서비스를 도입하여 대량생산체제를 갖춤으로써 표준화 및 원가절감을 시도하였다. 또한 품질과 서비스, 청결, 가치라는 모토로 내세웠으며, 오늘날 외식업체 모두가 취하는 대원칙이 되었다.

4) 외식산업의 도약성장기(1960년대)

1960년대 냉동식품이 대중적으로 확산되어 웬디스, 타코벨, 레드 랍스터 등의 외식기업들이 출연하였다. 또한 맥도날드와 KFC가 중심이 되어 패스트푸드점 프랜차이즈의 급성장과 외식산업의 전부문에 걸친 시스템화 도입, 성장기업의 속출, 대기업의 매수·매각·합병 등을 통해 역동적인 발전을 하게 되었다.

미국의 공업화로 인해 비약적인 성장을 하기 시작한 이때부터 명실상부한 외식산업이라는 용어가 사용되기 시작하였으며, 유망산업으로 인식되면서 신규참여가 가속화되었다. 전기가 산업 전반에 걸쳐 사용되면서 냉장고나 믹서 기계, 자동식기세척기 등의 개발로 인해 외식산업이 발전할 수 있는 주변산업의 성장으로 다양한 형태의 레스토랑이 등장하기 시작하였다. 또한 냉동식품의 발달로 많은 외식업체들이 냉동식품으로 대체메뉴를 개발하였으며, 대중들에게 많은 호응을 얻으면서 확산되기 시작하였다.

5) 외식산업의 성숙기(1970년대)

1960년대 후반부터 1970년대 전반까지는 외식산업의 매수나 합병이 가속화되어 다양한 업태의 출현과 기존업체 간의 경쟁이 치열하게 전개되어 외식업체들은 생존하기 위해 여러 가지 전략을 시도했던 시기이며 마케팅시대라고 표현할 수 있다. 이 시기에 미국 외식산업에 있어서 전성기를 맞이하게 되었으며, 입지에 대한 출혈경쟁, 메뉴의 다양화, 교외형 드라이브 스루점포의 탄생, 건강과 관련된 메뉴의 개발, 저칼로리음식, 점포 인테리어의 차별화 등 다양한 경영 및 운영방법이 전개되었다.

6) 외식산업의 고도성숙기(1980년대)

1980년대는 전반적으로 미국경제가 침체기에 빠져들었으며, 이 시기 미국의 외식산업은 포화상태로 성장보다는 내실을 다지는 시기로 경영 형태에도 많은 변화가 나타났다. 그중에서도 체인 형태의 경영이 급속도로 증가하기 시작하였으며, 특히 펩시콜라와 같은 자본력을 바탕으로 한 거대한 외식기업이 매수·합병을 통하여 계열화를 추구한 그룹 형태로 등장하였다. 미국의 경제침체기 가운데서도 프랜차이징에 의한 매출은 매년 평균 10% 이상 계속 신장하였다.

이 시기의 미국 외식업체들의 전략을 보면, 업태의 다각화전략 측면에서는 호텔이나 리조트, 농장공원과 같은 새로운 업태 개발에 참여하였고 배달 판매를 활성화시켰다. 입지확보의 어려움으로 인해 점포전략으로 타 산업이나 타 업종과의 공동출점 등 복합점포 방식을 선택하면서 은행과의 토지신탁을 이용하게 되었으며, 정보화전략 측면에서는 본사, 점포, 물류세터, 센트럴키친, 거래업소 등과 종합정보시스템을 도입하였다.

그러나 1980년대에 단행된 규제완화와 세제개혁은 고급레스토랑을 쇠퇴하게 만들었으며, 저렴한 가격의 캐주얼레스토랑을 탄생하게 하였다. 또한 패스트푸드 업계는 '소비자가 원하는 것은 무엇이든 제공한다'는 캐치프레이즈로 슈퍼마켓을 공략하고, 슈퍼마켓은 이에 맞서 조리된 음식을 판매하면서 치열한 경쟁을 벌이기도 하였다.

7) 외식산업의 안정성숙기(1990년대)

1990년대 초반에는 1980년대의 불황에 이어 버블경기의 붕괴로 고급 레스토랑이 계속 비교적 저렴한 캐주얼레스토랑이 성장하였다. 미국 내 프랜차이즈 매출은 1980년부터 1990년까지 2배 이상 팽창하였으며, 점포수는 50만 개점을 넘어서게 되었고 700만 명 이상의 근로자를 수용하였다. 1990년대 후반부터 21세기에 이르러 비교적 안정적인 경제상황 속에서 외식산업 규모는 미국 전체 산업 중에서 4번째의 거대한 산업으로까지 성장하였다.

그러나 미국 외식시장의 30% 이상을 점유해왔던 패스트푸드 업계는 미국 출생률의 저하와 맞물려 신제품 개발의 실패로 서서히 퇴조하는 현상을 보였다. 이로 인하여 미국 외식산업은 미국 내에서의 성장을 벗어나 세계 각국으로 진출하며 시장을 넓히면서 해외에서 프랜차이즈를 경영하게 되었다.

8) 외식산업의 안정성숙기(2000년대)

2005년 기준 시장규모가 4,400억 달러에 달하는 미국의 외식산업은 햄버거와 프렌치 프라이드를 주로 취급하던 패스트푸드가 정크푸드Junk Food로 비만의 원인이 된다는 연구결과로, 고객들의 관심은 웰빙에 대한 관심이 고조되었다. 따라서 건강을 생각한 웰빙 메뉴로 소비자들을 끌어들이는데 총력을 기울이고 있으며, 레스토랑들도 웰빙 관련 메뉴개발 등 건강전문 외식업소로 성장하게 되었다.

그동안 단일메뉴에 승부를 걸었던 일부 레스토랑들은 치열한 경쟁에서 생존하기 위해 여러 가지 브랜드의 음식을 내놓는 전략으로 변화되고 있으며, 외식업체들 간의 인수·합병으로 한 레스토랑 안에서 샌드위치, 피자, 디저트 등 여러 브랜드를 제공하는 샌드위치 전문 레스토랑의 인기가 높아지고 있다. 또한 번잡한 식당보다 가족들과 집에서 간편하게 한 끼를 해결할 수 있는 장점을 가진 테이크아웃이 중요한 트렌드로 확산되고 있다.

4. 일본 외식산업의 발전

1) 1950년대(음식업의 태동기)

일본 외식산업은 에도시대부터 시작되었으며, 1950년대 이전까지는 우동이나 국수, 장어요리, 덴뿌라, 김밥 중심의 요식업 또는 음식업으로 불렸다. 이 시기에는 세계적인 변화에 편승하여 일본경제가 크게 발전하면서 경제력이 증대되고 식료품의 수입량도 증가하게 되면서 생산력의 증가와 더불어 식생활 수준도 한층 높아졌으며 영양상태도 개선되는 시기였다. 특히, 제2차 세계대전 패전 이후 연합군의 일본점령으로 일본인들로 하여금 양식 선호현상이 나타나게 되었고, 학교급식으로 빵을 선호하는 등 젊은 세대에 식사대용으로 빵이 확산되었다.

2) 1960년대(외식산업의 태동기 및 도약기)

1960년대 후반에는 오사카박람회와 동경올림픽의 영향으로 대규모 건물이

건립되면서 외식산업에도 변화와 발전의 기틀을 마련하였다. 이 시기에 식생활이 다양화되고 외식이 대중화됨에 따라 센트럴키친시스템과 프랜차이즈 같은 새로운 시스템이 도입되기도 하였다. 또한 서양식 레스토랑이 크게 증가하면서 서구화된 외식활동, 대중화의 초기단계 모습을 보인 시기였다.

처음으로 서구형 카페테리아를 세이부백화점에 개점함으로써 백화점 전체의 이미지를 새롭게 부각시켰으며, 인건비절감과 회전의 상승효과를 기대하기 위해 새로운 시스템을 도입하였다. 한편, 자가용운전자와 장거리를 운전하는 트럭운전자를 대상으로 그들에게 휴식공간을 제공하는 드라이브인 형태의 외식사업이 교외에 출현하기 시작했다.

3) 1970년대(외식산업의 도약성장기)

1970년대 일본은 국민소득의 증가로 인하여 소비생활 양식이 변화하고 식생활이 서구화되고 가치관이 변화하였으며 레저문화가 유입되었다. 또한 외식산업은 대기업의 외식시장 참여, 해외브랜드의 진출 등으로 혁명적인 전환기가 되었다. 1970년 만국박람회가 개최되면서 약 150여 개의 외식기업들이 등장하였으며, 일본의 기업들은 미국의 기업들과 경영위탁 및 제휴를 통해 레스토랑 사업에 진출하기 시작했다. 1971년 동경에 맥도날드 1호점이 개점하여 엄청난 인기를 끌었으며, KFC는 나고야 나니시 쇼핑센터 주차장 옆에 테이크홈 방식으로 개점하였다. 즉 외국자본에 의한 패스트푸드점들이 일본진출에 자극을 받아 적극적으로 외식산업에 투자하기 시작한 시기이다.

1970년대 후반에는 외식산업이 급격하게 성장하면서 다양한 외식기업이 탄생하였고, 이로 인하여 경쟁이 심화되는 시기였다. 특히 패스트푸드 업체들은 체인화를 가속화하였고 스카이락, 로열호스트, 데니스 등 패밀리레스토랑도 다점포 위주로 경영을 시작하였다.

전체적으로 1970년대의 일본 외식산업은 외국계 기업의 진출과 국내시장의 확대 등 국내·외적인 요인이 복합적으로 작용하여 외식산업의 발전에 크게 기여하였다.

4) 1980년대(외식산업의 성장기)

1980년대 전반기는 일본경제의 불황으로 외식시장도 침체국면을 보이기 시작하면서 경쟁력을 상실한 외식기업은 도태되거나 소멸되었으며, 다른 한편으로는 다양한 신업종 및 신업태가 등장하는 시기였다. 소비자는 여가생활을 중시하는 선진국형 라이프스타일이 보편화되면서, 대중화된 외식생활에 따라 다양한 콘셉트의 외식산업이 등장하였으며, 외식기업은 대기업화와 시스템화 되는 추세를 보였다.

1982년 일본 맥도날드는 창업 12년만에 매출액 700억 엔을 달성하면서 일본의 외식기업들 중 최고의 매출을 기록하였으며, 지금까지 일본 외식산업을 대표하는 부동의 위치를 차지하고 있다. 1985년에는 택배서비스를 전문으로 하는 피자체인점인 도미노피자로부터 피자시장에 새로운 판도를 열었다.

1980년 후반기는 저성장 안정기로 1980년대 전반부터 안정 내실추구로 변화하기 시작하였다. 이 시기의 소비패턴은 소비자욕구는 일반대중화의 개념이 세분화로 탈바꿈되고 개성의 시대가 되면서 소비자 대응에 대한 마케팅전략과 전술기능이 강화되었다.

전반적으로 볼 때 1980년대 후반기에는 전산화, 과학화, 자동화는 물론 경영의 효율화를 위해 고객 밀착형 전략을 활용하거나 다방면에서 연구가 활발하게 진행되면서 경영관리의 정보화전략에 관심을 갖게 되었다.

5) 1990년대(외식산업의 침체성숙기)

1990년대는 거품경제가 붕괴되면서 외식 빈도가 감소하여 매출이 크게 줄어들어 외식산업은 불황을 극복하기 위해 다양한 가격대와 콘셉트를 가진 점포를 개발하여 시련에 대처해 나갔다. 패밀리 레스토랑 스카이락은 품질은 그대로 유지하면서 가격은 대담하게 낮춘 저가격의 가스토Gusto와, 가격은 유지하면서 상품의 가치를 높인 스카이락 가든Skylark Garden이라는 새로운 업태를 내세웠다. 소매업계의 편의점이 대두하여 식당업을 위협하는 존재로 등장하였고, 쇼핑센터 시대가 도래되면서 식당업계도 입지전략의 변화를 가져왔다.

6) 2000년대(외식산업의 침체성숙기)

2000년대 초반 일본의 외식시장은 고객의 분산과 과열경쟁 등으로 각 점포들의 운영은 갈수록 어려웠다. 경제적 불황뿐 아니라 포화된 외식시장의 경쟁은 심화되었고, 장기화된 불황으로 고용불안과 소득감소로 인해 소비심리가 위축되었다. 이로 인해, 소비자들은 외식을 하기보다는 가정에서 식사하는 사람과 도시락으로 해결하려고 하는 사람들이 늘고 있다. 특히 거품경제의 붕괴와 함께 개인소비가 줄어들고 기업의 회식이나 연회 등이 검소함을 추구하는 문화로 바뀌어가면서 일본의 외식시장은 그 어느 때보다 어려운 상황에 놓여 있다. 그러나 값은 비싸지만 분위기와 격조 있는 식당을 선호하는 고객들도 있어 외식소비 성향은 양분화현상을 보이고 있다. 또한 패밀리레스토랑에서 보다 전문적인 메뉴로 특화시킨 패밀리레스토랑으로의 변화가 눈에 띄며, 이러한 스타일의 수요가 증가되며 신규점포가 늘고 있다.

생활방식의 변화에 의해 포장식과 배달의 이용이 높아지고 있으며, 패밀리레스토랑이나 일류레스토랑, 백화점 식품부에서도 포장식을 준비하는 등 소비자들의 구매욕구를 불러일으키고 있다. 외식기업들은 점포에 찾아오는 고객들뿐만 아니라 점포 외 판매 형태인 포장과 배달식에서의 매출을 증대시키기 위해 노력하고 있다.

표 3.2 미국 · 일본 · 한국 외식산업의 성장과정

구 분	미 국	일 본	한 국	
1920년대	• 음식의 태동기 • 레스토랑, 열차식, 호텔식, 카페테리아, 급식, 프랜차이즈, 센트럴키친 출현		~ 1976년	• 외식산업의 태동기 • GNI 818달러 • 한 · 중 · 일 식당, 다방, 카페 등 등장 • 전문음식점 개념 도입 • 분식장려운동 실시 • 새마을운동
1930년대	• GNP 440달러 • 외식산업의 태동기(음식점 → 외식산업) • 로드사이드레스토랑, 기내식 출현 • 도심과 리조트 중심, 생산자 지향			
1940년대	• GNP 750달러 • 외식산업의 전환기(발전기) • 개인판매 지향, 부분적인 합리화 추구	• 요식업으로 전개 • 우동, 덴뿌라, 구내식당 출현 • 교통 관련지역 출점(열차 내, 역사 내), 일부 중심지	1977년 ~ 1982년	• 외식산업의 도입기 • GNI 1,893달러 • 외식업 용어 최초 사용 • 다양한 업종과 업태 출현 • 국내 프랜차이즈 첫 도입
1950년대	• GNP 1,875달러 • 치킨, 병원급식, 커피숍, 햄버거, 피자 출현 • 개인판매에서 대량판매 지향, 테이크아웃, 퀵서비스, 경영혁신(QSC)	• GNP 500달러 • 음식업의 태동기(기업화의 기반) • 전통음식 중심, 패밀리레스토랑, 아이스크림 등장 • 교통 관련지역, 일부 중심지로 점차 확대	1983년 ~ 1988년	• 외식산업의 성장기 • GNI 4,435달러 • 영세 체인업체 난립 • 외식업소 메뉴의 전문화 • 패밀리레스토랑 도입
1960년대	• GNP 2,800달러 • 스테이크, 샌드위치, 패밀리레스토랑 출현 • 시스템화, 대량판매 지향, 기업인수 및 합병	• GNP 1,400달러 • 외식산업의 태동기(도약기반 조성) • 프랜차이즈, 센트럴키친, 기업형 체인화 • 음식점 자유화(자본자유화 근간 : 1969.3)	1989년 ~ 1996년	• 외식산업의 1차 고도성장기 • GNI 13,077달러 • 88올림픽 이후 외식산업 급성장 • 대기업의 외식산업 진출 • 피자 · 면전문점 활성화
1970년대	• GNI 7,665달러 • 2회의 오일쇼크로 대변혁, 신콘셉트 및 신업태의 출현 • 일본 등 해외진출, 소프트화, 고감도화, M&A, 업체별 경쟁심화	• GNI $ 4,888 • 외식산업 성장기(도약발전기, 1978년 외식혁명) • 외식의 대중화, 패스트푸드 전성기, 패밀리레스토랑 활성화 • 기술도입 가속화, 세계화, 외식기업 성장화	1997년 ~ 2001년	• IMF 침체기 • GNI 11,180달러 • 기업형 외식업체 붕괴 가속화 • 가격파괴 메뉴 등장
1980년대	• GNI 16,996달러 • 자본력에 의한 경쟁가속, 내식과 외식 경쟁치열 • RA강화(온라인화, POS시스템화, 선불카드제 등 종합정보 네트워크)	• (상)GNI 9,980달러 • 외식산업의 성장기(저성장, 쇠퇴기) • 업종 및 업태 다양화, 테이크아웃점, 카페, 바, 캐주얼다레스토랑 • 프랜차이즈 가속화, 다점포 지향 • (하)GNI 19,640달러 • 외식산업 성장기(저성장, 안정기) • 고감도화, 정보화, 과학화, 고도화 • 센트럴키친, 물류센터, 종합정보 관리 시스템 도입	2002년 ~ 2007년	• 외식산업의 2차 성숙기 • GNI 23,033달러 • 광우병, AI(조류인플루엔자) 파동 • 채식뷔페, 씨푸드뷔페 인기 • 소고기 원산지 표시제 의무화

구 분	미 국	일 본	한 국	
1990년대	• GNI 27,610달러 • 특화시장, 감성형, 테마콘셉트형 • 고객만족과 창의적인 아이디어 중시	• GNI 34,246달러 • 외식산업의 성숙기(침체기 → 회복기 → 성숙기) • 해외진출, 가격파괴, 업태전환 • 종합생활기업 추구, 경영혁신, 규모경제 실현	2008년 ~ 2009년	• 글로벌 금융위기 침체기 • GNI 22,170달러 • 기후변화에 따른 세계 곡물가 파동 • 건강지향 메뉴 인기
2000년대	• GNI 41,810달러 • 프랜차이즈 열량표시 의무화(2007년) • 패스트푸드 중심의 성장 지속 • 다국적 음식 선호	• GNI 36,089달러 • 외식소비의 양극화 • 중식(中食)시장 지속 성장 • 식육기본법 재정(2005년)	2010년 ~ 2013년	• 저성장기 • GNI 26,205달러 • 웰빙과 힐링 중시 • 한식뷔페 활성화 • 디저트카페 성장세
2010년 ~ 2102년대	• GNI 48,211달러 • 지역농산물에 대한 관심 고조 • 건강지향적 외식	• GNI 44,287달러(2010년) • 지역특산물 활용한 전문점 • 건강지향적 메뉴		
2013년 ~ 현 재	• GNI 50,347달러 • 퀵서비스레스토랑, 카페테리아 등 제한된 서비스음식점 선전, 차에 대한 관심 증가, 유기농 등 건강식 추구	• GNI 46,330달러 • 인구감소, 고령화로 외식시장 축소, 편의점, 테이크아웃 도시락 발달, 배달사업 적극 진출, 가격대비 가치소비 가속화	2014년 ~ 현 재	• 성숙기 • GNI 27,440달러 • 가성비 중시 • 청탁금지법 시행, 외식산업 위축 • 양극화 심화

자료 : 한국은행 경제통계시스템

※ GNI는 각 기간별 마지막 연도의 수치로 표기

※ 미국과 일본의 경우, 외식산업의 성장과정을 1960년대까지는 국민총생산(GNP) 기준으로 구분하였으며, 1970년대 이후 1인당 국민총소득(GNI)으로 통일하였다.

한국 외식산업의 현황

세계 외식시장의 매출액은 2016년도 기준으로 3조 2,000억 달러로 7.68%의 연평균 성장률로 2020년까지 6조 8,456달러에 이를 것으로 전망하고 있다. 우리나라도 세계 외식시장과 유사하게 지난 10년간 연평균 5.7% 증가율을 보이고 있다.

농림축산식품부의 발표에 따르면, 2016년 우리 국민의 외식빈도는 월평균 15.0회로 2015년의 14.7회에 비해 소폭 늘어났으며, 월 31만 원 수준의 외식비를 지출하고 있다. 혼밥, 혼술시장이 증가하면서 소포장, 1인식시장이 생겨났고, 모바일 앱과 IT의 기술발달은 배달 앱서비스를 활성화시키고 테이크아웃시장을 성장시켰다.

외식시장의 규모와 주요 외식기업의 운영현황에 대해 알아보고, 외식산업 경기전망 및 외식소비 현황 등 우리나라의 외식시장 현황을 살펴보겠다.

1. 외식산업의 시장규모

외식산업(음식점 및 주점업)은 '식(食)'의 영역과 '음(飮)'의 영역으로 나누어져 있으며, 국가경제에 미치는 영향이 큰 산업이다. 우리나라의 외식시장 규모는 음식점 및 주점업의 매출액이 2014년 기준 83조 8,200억 원으로 통계청 도·소매업 조사에 따른 것으로, 이는 전체 도·소매업 비중의 8.3%에 해당하는 것이다. 사업체수는 총 65만 890개로 도·소매업 전체의 38.3%, 종사자수는 189만 5,511명으로 37.4%의 비중을 차지하고 있다. 따라서 우리나라의 외식업이 도·소매업의 주요부분을 차지하고 있음을 알 수 있다.

우리나라 외식산업이 성장한 정도를 파악하기 위해 2004년과 2014년 10년간의 자료를 비교·분석해 보면, 음식점 및 주점업의 매출액은 10년간 73.3% 증가하였으며 연평균 증감률은 5.7%이다. 사업체수와 종사자수는 10년간 각각 8.5%, 21.8% 증가하였고, 연평균 증감률은 0.8%, 2.0%로 나타났다.

1) 매출분석

외식산업의 매출 전체규모를 2014년 자료를 기준으로 업종별로 세분화해보면, 음식점업과 주점 및 비알코올음료점업이 약 80 : 20의 비율을 보이고 있다.

식(食)의 영역인 음식점업은 일반음식점업, 기관구내식당업, 출장 및 이동음식업, 기타 음식업으로 구성되어 있으며, 그중에서는 일반음식점업(한식, 중식, 일식, 서양식, 기타 외국식)이 55.2%로 전체 외식업 중 매출기여도가 가장 큰 업종으로 나타났다. 다음으로는 제과점, 피자, 햄버거와 치킨 등이 포함된 기타 음식점업이 19.5%로 음식점업 세분류 중 매출기여도가 높은 것으로 나타났다. 음의 영역은 두 가지로 구성되어 있는데, 주점업과 비알코올음료점업으로 매출액을 살펴보면 주점업이 비알코올음료점업에 비해 매출이 높은 것으로 나타났다.

음식점 및 주점업의 매출을 지역별로 나눠 살펴보면, 서울이 약 24%로 전체의 1/4을 차지하고 있으며, 그 다음으로 경기도가 22%를 차지하고 있어 서울·수도권 지역이 우리나라 외식시장 매출의 약 50%를 차지하고 있다는 것을 알 수 있다.

표 4.1 음식점 및 주점업 업종별 매출 비중(2014년)

중분류	소분류	세분류	2014년	
			매출(10억 원)	비율(%)
음식점 및 주점업	음식점업	일반음식점업	46,299	55.2
		기관구내식당업	5,583	6.7
		출장 및 이동음식업	140	0.2
		기타 음식점업	16,402	19.5
		소 계	68,402	81.6
	주점 및 비알코올음료점업	주점업	11,122	13.3
		비알코올음료점업	4,294	5.1
		소 계	15,418	18.4
	계		83,820	100.0

자료 : 통계청 도·소매업 조사(9차 개정 분류)

표 4.2 음식점업 및 주점업 시·도별 매출비중

시·도별	2004년		2014년	
	매출액(10억 원)	비율(%)	매출액(10억 원)	비율(%)
전국	48,370	100.0	83,820	100.0
서울특별시	12,575	26.0	20,259	24.2
부산광역시	4,303	8.9	6,195	7.4
대구광역시	2,219	4.6	3,408	4.1
인천광역시	2,365	4.9	4,067	4.9
광주광역시	1,344	2.8	2,076	2.5
대전광역시	1,450	3.0	2,540	3.0
울산광역시	1,036	2.1	2,342	2.8
세종특별자치시	–	–	248	0.3
경기도	9,377	19.4	18,575	22.2
강원도	1,947	4.0	2,596	3.1
충청북도	1,458	3.0	2,511	3.0
충청남도	1,722	3.6	3,451	4.1
전라북도	1,311	2.7	2,475	3.0
전라남도	1,300	2.7	2,548	3.0
경상북도	2,376	4.9	4,059	4.8
경상남도	2,811	5.8	5,234	6.2
제주도	773	1.6	1,237	1.5

자료 : 인구 – 통계청, 장래인구추계 / 사업체수, 종사자수 – 통계청, 도·소매업 조사

2) 사업체수 및 종사자수

2006년부터 2014년까지 연도별로 매출액, 사업체수, 종사자수의 변화를 분석하여 외식시장의 규모와 성장률을 살펴보았다. 매출액을 2006년 53,701,311백만 원에서 2014년 83,819,931백만 원으로 56.1% 증가하였으며, 사업체수는 2006년 576,965개에서 2014년 650,890개로 12.8%, 종사자수는 2006년 1,529,276명에서 2014년 1,895,511명으로 24% 성장한 수치이다.

표 4.3 연도별 매출액, 사업체수, 종사자수

연 도	매출액(백만 원)	사업체수(개)	종사자수(명)
2006	53,701,311	576,965	1,529,276
2007	59,365,350	577,258	1,567,414
2008	64,711,924	576,990	1,578,068
2009	69,865,186	580,505	1,600,718
2010	67,566,000	586,297	1,609,103
2011	73,507,028	607,180	1,683,618
2012	77,285,199	624,831	1,752,807
2013	79,549,599	635,740	1,824,214
2014	83,819,931	650,890	1,895,511

자료 : 통계 2015년 기준 2015 경제총조사 결과, 2018.1

전체산업 중에서 외식산업의 중요도를 알아보기 위해 통계청이 조사한 2015년 기준 경제총조사 자료를 사용하여 사업체수, 종사자수 및 매출액을 비교하였다. 2015년 말을 기준으로 전국의 총 사업체 수는 3,874,167개이며, 이 중에서 도 · 소매업이 1,015,074개(26.2%)로 가장 많았다. 이어 숙박 및 음식점업이 710,699개(18.3%)로 많았으며, 제조업 413,849개(10.7%), 협회 및 단체, 수리 및 기타 개인 서비스업 399,542(10.3%)개 등의 순이었다.

연간 매출액을 기준으로 보면, 전국 3,874,167개 사업체의 전체 매출액은

5,311,197십억 원이었으며, 이 중 제조업의 매출액이 1,693,785십억 원(31.8%)으로 가장 많았다. 다음으로 도매 및 소매업이 1,112,296십억 원(20.9%), 금융 및 보험업 760,883십억 원(14.3%), 건설업 342,546십억 원(6.4%)를 차지하는 것으로 나타났다. 그러나 숙박 및 음식점업의 매출은 119,774십억 원으로 2.3%를 차지하는 것에 불과하다.

전국 사업체에 종사하는 전체 종사자수는 20,889,257명이며, 이 중 제조업에 종사하는 종사자의 수가 4,042,960명(19.4%)으로 가장 많다. 다음으로 도매 및 소매업이 3,129,260명(15%), 숙박 및 음식점업 2,118,353명(10.1%), 교육서비스업 1,559,792명(7.5%) 순으로 많이 고용하고 있었다.

2015년 기준 경제총조사 자료의 지표를 기준으로 살펴 본 바와 같이, 사업체수와 종사자수 측면에서는 다른 산업에 비해 상대적인 우위를 차지하고 있으나, 매출액의 측면에서는 2.3% 밖에는 차지하지 못하고 있음을 알 수 있다. 그리고 외식산업이 인적자원에 대한 의존도가 높은 사업이라는 것을 보여준다.

표 4.4 산업소 분류별 사업체수, 종사자수 및 매출액 (단위 : 개, 명, 십억원, %)

산업분류	사업체수	구성비	종사자수	구성비	매출액	구성비
전 체	3,874,167	100.0	20,889,257	100.0	5,311,197	100.0
숙박 및 음식점업	710,699	18.3	2,118,353	10.1	119,774	2.3
숙박업	53,613	1.4	173,822	0.8	11,760	0.2
숙박시설 운영업	47,147	1.2	161,294	0.8	11,182	0.2
기타 숙박업	6,466	0.2	12,528	0.1	578	0.0
음식점 및 주점업	657,086	17.0	1,944,531	9.3	108,013	2.0
음식점업	473,614	12.2	1,509,675	7.2	89,803	1.7
주점 및 비알코올음료점업	183,472	4.7	434,856	2.1	18,209	0.3

자료 : 통계 2015년 기준 2015 경제총조사 결과, 2018.1

2. 주요 외식기업의 운영현황

국내 주요 외식기업들의 경영실적을 파악하기 위해 금융감독원 경영공시 자료를 이용해 2012년부터 2015년까지 매출액 변동추이로 외식기업이 얼마만큼 성장했는지를 살펴보았다. 2013 매출액을 기준으로 국내 외식기업 중 1위 기업은 파리크라상으로 1조 7,277억 원의 매출을 기록하였으며, 2012년부터 2015년까지 연평균 2.12%로 소폭의 비율로 꾸준히 매출이 상승하였다. 그 다음 CJ푸드빌은 1조 2,063억 원의 매출로 연평균성장률은 13.68%로 비교적 높은 편이었으며, 3위는 롯데리아로 매출액 9,601억 원, 3.17%의 완만한 성장률을 보였다. 스타벅스코리아는 7,739억 원의 매출로 순위는 4위였으나 연평균 성장률은 32.65%로, 전년대비 크게 증가한 것으로 나타났다. 2015년을 기준으로 매출액 상위 25위까지의 외식기업들의 4년간 매출액과 연평균 성장률을 표 4.5에 제시하였다.

표 4.5 국내 주요 외식기업 매출 (단위 : 원)

법인명	대표브랜드	2012년	2013년	2014년	2015년	연평균성장률(%)
파리크라상	파리바게트	1,651,264,511,794	1,651,264,219,850	1,653,240,076,753	1,727,743,711,101	2.12
CJ푸드빌	빕스	855,250,821,325	947,806,265,678	1,121,129,355,984	1,206,274,856,583	13.68
롯데리아	롯데리아	876,711,543,115	975,513,285,972	987,089,767,624	960,107,706,719	3.17
스타벅스코리아	스타벅스	390,962,911,181	482,176,754,845	617,094,821,787	773,900,207,510	32.65
비알코리아	던킨도너츠	482,923,197,374	502,726,580,695	510,401,726,011	520,244,187,126	2.58
㈜비케이알	버거킹	20,436,077,534	212,287,291,552	252,575,992,950	278,519,490,995	4.20
교촌에프앤비	교촌치킨	142,522,649,698	174,148,187,584	227,869,733,543	257,568,343,023	26.91
제너시스비비큐	BBQ	169,805,989,292	175,245,717,270	191,281,576,927	215,859,733,466	9.04
청오디피케이	도미노피자	135,078,526,891	159,125,583,135	180,583,141,666	195,397,386,682	14.88
에스알에스 코리아	KFC	142,553,756,532	156,839,390,001	161,910,779,048	174,734,735,469	7.52
본아이에프	본죽	113,247,475,125	117,777,626,324	129,541,164,850	143,298,606,904	8.85
커피빈코리아	커피빈	137,864,424,985	143,240,961,799	146,267,193,163	138,938,692,307	0.26
더본코리아	새마을식당	68,323,290,324	77,502,400,639	92,742,228,918	123,861,782,375	27.10
MPK	미스터피자	176,715,323,26	174,594,000,000	143,976,000,000	122,422,000,000	−10.24

법인명	대표브랜드	2012년	2013년	2014년	2015년	연평균성장률(%)
놀부	놀부부대찌개	79,415,297,007	99,402,106,754	121,177,596,904	119,644,883,536	16.89
카페베네	카페베네	210,856,088,821	176,255,430,732	128,958,973,672	110,110,201,113	−15.93
할리스에프앤비	할리스커피	65,775,157,018	68,595,163,023	80,313,276,703	108,584,230,041	21.69
탐앤탐스	탐앤탐스	64,902,491,860	75,710,395,710	88,604,319,095	88,763,650,721	12.25
아모제푸드	엘레나가든	136,579,200,542	99,458,691,194	101,980,707,772	87,021,856,784	−12.09
원앤원	원할머니보쌈	69,002,072,410	65,966,284,682	73,886,135,404	76,685,431,644	3.71
토다이코리아	토다이	48,806,484,462	49,584,674,309	65,873,419,091	74,366,111,820	17.46
㈜엠에프지코리아	매드포갈릭	−	−	24,363,766,235	67,504,720,607	177.07
㈜이바돔	이바돔감자탕	29,523,282,699	41,059,476,179	53,749,349,909	66,193,542,582	41.04
㈜정정당당	화로구이	41,063,922,442	45,447,880,667	51,062,982,547	65,151,868,985	19.55
채선당	채선당	56,550,448,008	56,505,909,913	64,975,415,004	65,053,609,120	5.01

자료 : 금융감독원 경영공시
주) 식품산업통계정보(www.atfis.or.kr)기준 2015 매출액 상위 25위까지 제시하였음

3. 외식소비의 현황

외식소비의 규모를 분석하기 위해 통계청 도시가계조사 자료의 2014년 한 가구당 소비지출을 살펴 본 결과 256만 7,000원으로 조사되었으며, 이 중 식료품·비주류음료에 35만 2,000원, 외식비에 33만 1,000원을 지출하는 것으로 나타났다. 소비지출 대비 각각 13.6%, 12.9%의 비율에 해당하는 수치이다. 한 가구당 음식에 지출하는 총비용을 식품비와 외식비의 합이라고 했을 때 음식에 지출하는 총비용 중 외식비가 차지하는 비중은 48.5%였다. 이러한 지출규모는 10년 전인 2004년과 비교해 보았을 때 다소 감소한 비율로, 도시가계에서 지출하는 외식비의 규모는 소비지출 대비 증가하지 않았으며 오히려 감소했음을 알 수 있다.

표 4.6 도식가계 한 가구당 월평균 외식비 지출 10년간 변화

구 분	2004년	2014년	10년간 증감률(%) (2004 vs 2014)
소비지출(천원)(A)	1,849	2,567	38.8
식료품 · 비주류음료(천원)(B)	274	352	28.5
외식비(식사비)(천원)(C)	261	331	26.8
식료품 · 비주류음료 / 소비지출(B/A×100)	14.8	13.6	−1.2
외식비 / 소비지출(C/A×100)	14.1	12.9	−1.2
외식비 / (외식비 + 식품비) (C/(B+C)×100)	48.8	48.5	−0.3

자료 : 통계청 도식가계조사

한국농촌경제연구원의 2016년 한국인의 식품소비 심층분석 결과, 가구의 식품지출액은 연평균 0.2%의 완만한 속도로 증가할 것으로 추정되어 2015년 256만 원에서 2025년에 262만 원으로 약간 늘어날 것으로 전망되었다. 가구 평균 가정식 지출액은 연평균 0.7% 감소하여 2015년에는 약 9만원 감소한 121만 원에 달할 것으로 전망하였으며, 외식 지출액은 연평균 0.9% 증가하여 2015년 대비 약 12만 원 증가한 145만 원에 도달할 것으로 분석되었다. 통계청의 2025년 가구수 추계치를 적용하여 국가전체 식품지출액 전망치(2010년 가격기준)를 산출한 결과 가정식 부문과 외식 부문은 각각 연평균 0.4%, 2.0%씩 증가할 것으로 전망되었다.

표 4.7 2025년 식품별 지출액 규모 전망

	2015년		2025년 전망		2015~2025 연평균 변화율	
	가구당(백만 원)	국가전체(십조 원)	가구당(백만 원)	국가전체(십조 원)	가구당(%)	국가전체(%)
식품소비	2.58	4.82	2.62	5.48	0.15	1.29
가정식	1.30	2.43	1.21	2.52	−0.74	0.39
외식	1.33	2.49	1.45	3.04	0.87	2.01

자료 : 이계임 · 김상효 · 허성윤(2016), 한국인의 식품소비 심층분석, 한국농촌경제연구원
주 : 1) 실질금액(2010 = 100) 기준임
2) 전망의 정확도를 높이기 위해 식품류별로 차별화된 전망 모형과 자료기간을 선정함

4. 외식산업의 향후전망

21세기 글로벌시대로 외식산업도 유통산업과 마찬가지로 소비환경의 변화에 따라 급격하게 변화하면서 1980년대까지 물량충족 단계와 1990년대 품질추구 단계를 거쳐 2000년대 이후는 건강과 안전지향, 다양화, 고급화, 간편화, 합리화 트렌드가 동시에 발현되면서 다양한 소비유형이 공존하는 다각화 단계로 진행되었다. 따라서 외식산업은 단일브랜드에서 오는 위험을 줄이고 규모의 경제를 달성하기 위해 매출규모의 확대를 꾀할 것으로 추정되며, 그 추진방향은 기존 점포의 추가 개점을 통한 점포확장, 기존의 상품으로 신규판매 채널을 확장하거나 새로운 브랜드를 도입할 것으로 보인다.

음식을 먹는 것은 생명유지와 직결되므로 기본적으로는 생리적인 니즈를 충족하는 역할을 하였으나, 소비자들은 외식을 통해 건강, 맛, 편리성, 다양성 등을 추구하고, 더 나아가 가족화합 촉진, 감사표시, 지위 · 명성 · 감정 · 가치관 · 윤리관 등을 표출하는 용도로 식품의 소비경향이 확대될 것으로 전망된다.

외식시장의 또 다른 변화 방향으로 음식의 차별화가 예상되며, 음식의 차별화 방향은 크게 전문화 및 고급화로 볼 수 있다. 외식소비 트렌드 중 건강을 지향하는 트렌드가 가장 큰 비중을 차지하는 형태가 지속되겠지만 간편화 추구, 다양화 · 고급화 경향 또한 빠르게 증가할 것으로 예측된다.

1990년대 패밀리레스토랑으로 대변되는 많은 식당들이 다양한 메뉴로 고객의 욕구에 부응하였으나 2000년대에 들어서는 선점업체의 진입장벽 또는 전문화된 식당으로 점차 고객의 기호가 변화함으로써 많은 외식업체들이 타 업체와는 구별되는 전문적인 음식을 제공하고 있다. 본인의 선호와 효용극대화에 국한하지 않고 사회와 환경에 대해 관심을 갖는 윤리적 소비는 현재 증가추세를 보이지 않고 있지만, 국제적으로 대표적인 소비트렌드로 부상하고 있는 점을 감안해 볼 때 중장기적으로 확대될 가능성이 있으며 주목할 필요가 있다.

소비자의 특성에 따라 소득, 연령별 수준별로 우세하게 나타나는 트렌드에 차이가 있으며, 지속된 경기침체와 청년실업문제 등은 외식소비에서 합리화 · 간편화를 확대시키며, 저소득층과 저연령층의 주요트렌드 형성에 영향을 미칠 것으로 보인다. 1~2인 가구의 증가는 간편화 경향과 연관성이 높기 때문에 편리성과 소량화를 선호하는 트렌드를 확대시키고 있다. 급격한 증가를 보인 고령층은 우리나라 전체인구의 20~25%를 차지하고 있어 건강과 맛에 대한 관심을 증대시키는 역할을 하고 있지만, 상당수의 고령층은 경제적으로 어려움을 겪고 있어 합리화를 추구하는 경향을 확대시키는 데에 영향을 미칠 것으로 보인다.

FOOD
SERVICE
INDUSTRY
MANAGEMENT

PART ❷

외식산업의 경영관리

FOOD
SERVICE
INDUSTRY
MANAGEMENT

CHAPTER 05 생산 및 운영관리

1. 식재료관리

1) 식재료관리의 의의

식재료관리는 일정하게 정해진 형태의 조리작업, 즉 고객을 만족시킬 수 있는 음식을 조리하고 가공하는 것을 실행하기 위한 식재료의 주문구매, 검수, 저장, 출고, 조리 등과 관련된 모든 업무를 말한다. 실질적 업무는 물론 원가관리 및 기타 식재료와 관련된 사항들의 전반적인 관리를 말하며, 식재료의 원가관리는 "모든 사람들이 식재료의 원가를 올바로 인식하고 예정대로 업무를 진행하는 수단"이라고 설명할 수 있다.

식재료의 구매는 모양, 품질, 특성 등의 다양성 및 계절의 변화, 물가의 변동 등의 환경조건과 경제적 요인이 작용하게 된다. 그러므로 다른 원자재들과 달리 균일화와 규격화가 어렵고, 생산계획에 따른 식재료의 구분, 소모량 산정, 저장, 배분 등의 업무에 있어서 더욱더 세심한 주의를 필요로 한다.

식재료 구매 담당자는 물론 모든 직원은 식재료의 구매활동을 원활하게 수행하기 위해서 식재료의 생산과정 및 조리, 판매에 관련된 많은 지식, 식품감별법, 식품의 영양성분과 특성, 보존기간, 변질에 관련된 전반적인 지식을 가져야 하고 끊임없이 연구하는 자세를 가져야 한다. 필요한 식재료를 적정한 가격으로 구매하여 낭비 없이 조리한 후 판매하는 과정을 관리Control하는 것이 식재료 원가관리의 구체적 수단이 된다.

식재료관리는 가장 효율적인 원가절감을 할 수 있는 분야로 집중적인 관리가 필요하다. 식재료관리가 소홀하면 식품 구매비용의 상승, 상품가치 하락, 재료의 높은 부패율이 초래되고 이로 인해서 원가율상승, 가격상승, 고객부담, 매출감소, 이윤감소를 초래하는 결과를 가져올 수 있다. 그러므로 조리원, 서비스접객원, 구매담당자가 원가에 대한 중요성을 인식하고 낭비를 방지하여 식재료의 효율적인 사용관리를 통해 기업의 영업이익을 창출하는데 상호 협력해야 한다.

2) 식재료관리의 단계

(1) 재고관리

재고관리Inventory Control란, 품목별 보유량을 파악하고 판매 계획에 근거한 필요물품을 구매 및 과부족을 보충하며 적당량을 보유하는 것이고, 동시에 품질기준을 유지하고 보존공간의 효율적 이용을 꾀하는 것이라고 할 수 있다. 즉 재고를 최적으로 유지하고 관리하여 물품의 수요가 발생했을 때 신속하고 경제적으로 대응하기 위한 총체적 경영활동을 재고관리라 할 수 있다.

주방에서는 필요한 만큼의 각 품목별 식재료의 적정재고량이 항상 유지되어야 한다. 과소한 재고량은 음식의 생산이 지연되어 서비스의 질이 떨어지며, 그로 인한 고객 상실을 발생시켜 비용손실을 유발시키고, 반대로 과잉재고량의 경우 과다한 유지비용을 포함한 원가비용이 발생하게 된다. 식재료의 손실과 낭비를 없애고 효과적으로 관리하기 위해서는 품목별로 적정재고량을 설정하고 매일의 입·출고의 양을 정확히 파악해야 한다.

식품의 품질과 신선도를 유지하기 위해서는 신선하고 좋은 식재료를 구매하는 것이 가장 중요하고, 식재료를 보관할 때 중요한 것은 위생관리와 품질관리이다. 이를 위해서는 철저한 검품과 검수가 시행되어야 하고 올바른 보관방법으로 보관해야 한다. 각 식재료의 유효기간, 포장상태 및 보존 특성을 파악하여 저장기간과 구매시점을 적절히 관리해야 하며, 재고처분이 필요한 불량재고를 점검하는 등의 정기적인 재고조사를 철저히 해야 한다.

표 5.1 재고관리의 중요성

구 분	내 용
재고관리의 중요성	• 물품부족으로 인한 생산 및 판매계획의 차질을 방지함 • 적정한 가격으로 품질 요구도에 맞는 물품을 구매함 • 요구량과 일치하는 수준을 유지함으로써 재고비용을 최소화하는 경제적 기능을 함 • 도난, 낭비, 부패, 변질, 해충피해 등으로 인한 손실을 최소화 함
식품 재고관리의 특성	• 저장수명(Shelf Life)이 짧음 • 저장에 따른 비용이 높음(냉장 또는 냉동 필요) • 수요예측에 의한 사전 생산이나 물품의 보관이 제한되는 경우가 많음

자료 : 백옥희 외, 식품구매, 파워북, 2015

(2) 구매관리

구매관리Purchasing Control는 "필요한 물품을 최소의 비용으로 적정 거래처로부터 최적의 품질을 확보하여 적정한 시기에 필요한 수량만큼 구입할 목적으로 계획 · 통제 · 실시하는 관리활동"을 말한다. 고객이 지불해야 하는 가격결정은 상품의 질, 수익성에 직접적인 관련이 있으며 원가관리에도 많은 영향을 미친다. 구매업무를 담당하는 사람은 시장 상황의 변화와 가격동향에 관심을 가지고 구매가격을 검토한 후 최소한의 비용으로 좋은 식재료를 유리하게 구매하기 위한 적절한 공급처를 발견해야 한다. 레스토랑에서 사용한 식재료의 품목과 수량 등을 파악하여 구매명세서Purchase Specification를 작성하고, 특정 품목이나 총괄적인 물품 소요량에 대한 식재료의 질, 크기, 중량 등을 간결하게 기술하고 구매하고자 하는 식재료에 대한 정보를 작성한다.

(3) 검수관리

검수는 납품검사라고도 하며 배달되는 물품들이 주문 내용과 일치하는지 확인하는 절차이다. 검수절차는 일반적으로 물품의 인수Accepting, 확인Validating, 서명Signing으로 진행되며, 납품된 물품의 수량과 품질을 검사하여 구매자의 사용 목적에 부합하는지 아닌지의 여부를 점검하는 것이다. 발주서와 납품서를 잘 비교하여 품목, 수량, 품질, 신선도, 위생상태, 크기, 가격, 냉장·냉동품의 경우 온도를 확인하고 점검한다. 신선도는 검수의 첫 단계에 이루어져야 하며 불량품이나 부적합품은 엄하게 주의를 주고 반품·교환해야 한다.

(4) 저장 및 출고관리

저장Storing은 "식재료가 필요할 때 적절하게 제공하기 위해서 장소·온도 등 적정조건에 식재료를 보관하여 최상의 품질을 유지하는 것"을 말한다. 일반적으로 물품의 입고와 출고가 편리하도록 검수구역과 조리구역 사이에 위치하여 검수와 조리업무를 연결하는 역할을 하며, 생산하고자 하는 음식의 질에 적합한 영향을 미친다. 식자재의 양과 레스토랑의 규모 및 재고수준에 따라 저장시설의 규모가 결정되며, 식재료는 레스토랑의 자산이 되기 때문에 자산이 손실되지 않도록 저장시설의 체계적인 관리가 필수적이다. 입고된 물품은 레스토랑 자산의 일부로 산정되고, 출고된 물품은 음식가격의 원가에 산정되어야 하므로 입·출고 관리는 회계 및 원가관리에 중요한 정보를 제공한다.

출고관리는 창고에서 생산현장이나 영업장으로 불출될 때 출고전표를 통해 기록을 체계화함으로써 물품을 수량적으로 통제한다. 출고관리의 기본은 선입선출FIFO : First-in, First-out로서 음식의 품질과 고객의 안전 및 창고에서 손실가능성이 있는 식재료를 효율적으로 관리하는데 도움을 준다.

(5) 조리관리

일정한 조리법을 사용하여 음식의 품질을 균일하게 유지하고 고객의 기대에 충족되는 식사와 서비스를 제공하는 것은 레스토랑의 사명이다. 이를 위해서는 표준조리법의 사용이 효과적이며, 표준조리법의 사용으로 식재료의 낭비를 없애고 음식의 균질화와 통일성을 꾀할 수 있다. 아울러 수납, 저장, 해동, 처리, 조리가공에 이르는 작업시간관리 및 그에 따른 기준설정이 요구된다. 식재료의 사용량을 기준대로 관리하는 것을 표준정량관리Standard Portion Control라고 하며, 표준정량관리를 잘 시행할 경우 식재료비는 표준조리법에서 정해진 대로 소요된다.

(6) 제공관리

주방에서 조리가 끝난 음식이 고객에게 제공되는 방법은 다양하다. 제공방법을 막론하고 먼저 주의를 기울여야 하는 것은, 식기에 담겨져 있는 양이 설정한 기준량인지를 점검하고 뜨거운 음식은 뜨겁게, 차가운 음식은 차갑게 제공해야 한다. 고객이 음식을 주문하고 나오는 과정, 주문한 상품이 마련되지 않았을 경우, 종사원들 간의 팀워크가 잘 이루어지는지, 식사를 위한 용기와 소모품은 구비가 잘 되어있는지 등의 점검이 필요하다.

2. 접객서비스관리

서비스는 외식산업에서 매우 중요한 요소이며, 외식산업에서의 서비스란 '접객서비스'를 의미한다. 외식산업에서의 접객서비스란 "직업에 대한 강한 의지적 욕망과 전문적 지식을 소유하고, 고객에게 취하게 되는 종업원의 모든 행동과 태도의 표현"으로 정의할 수 있다.

음식이라는 유형재와 인적서비스라는 무형재가 동시에 존재하는 외식산업에서는 서비스의 역할이 매우 중요하며, 서비스는 좋은 제품을 보다 가치 있는 상품으로 만드는 역할을 한다. 영업효과의 극대화를 위해 고객에게 헌신하고 봉사하는 자세를 서비스라고 할 수 있다. 서비스를 제공하는 사람이 체계적이고 훌륭한 교육훈련을 받아 고객에게 질 높은 서비스 능력을 발휘한다면 고객이 기업에게 받는 이미지는 분명히 다를 것이다. 레스토랑의 직원들은 제공되는 메뉴와 관련된 다양한 지식과 서비스 방법을 숙지하고 실행할 수 있어야 하며, 경영자 또는 관리자는 신뢰와 존경을 바탕으로 하여 직원을 감독하고 지도하는 리더의 역할을 잘 수행해야 한다.

서비스는 고객의 입장에서 즐겁고 쾌적함을 제공할 수 있는 근원을 창출해 내려는 노력과 정성이 수반되어야 하고, 모든 고객에게 최상의 친절과 마음속에서 우러나오는 애정을 표출해야 한다. 따라서 서비스를 제공자는 제공자가 서비스의 중요성을 인식하고 단순한 기술제공 차원의 서비스가 아닌, 고객에 대한 이해와 마음에서 우러나오는 서비스를 제공하는 것이 진정한 의미의 접객서비스인 것이다.

표 5.2 학자별 서비스의 정의

연구자	개념 및 정의
A. M. A	판매를 위해서 제공되거나 또는 상품 판매에 수반되어지는 제반활동. 통신 이용자 서비스, 수선 및 정비, 신용업 등의 서비스 기능
R. M. Bessom	소비자에게 가치 있는 편익이나 만족을 주기 위해서 제공되어지는 행위. 소비자가 스스로 수행할 수 없거나, 수행하지 않아도 대신 선택할 수 있는 행위
Berry	제품이 유형물, 고안물, 객관적인 실체인 반면에 서비스는 무형의 활동이나 노력임
Blois	현재의 상태에서 어떠한 물리적인 변화를 가하지 않으면서 사용자 또는 구매자에게 편익과 만족을 제공할 수 있는 기능
Paquette	서비스의 산출물은 물질적인 제품이나 구조물이 아니고, 생산되는 시점에서 소멸되며 구매자에게 무형적인 형태의 가치를 제공하는 모든 경제적 활동을 포함
Rathmell	시장에서 판매되는 무형의 제품을 말함
Stantion	소비자에게 판매되어 소비자의 욕구를 충족시켜 줄 수 있는 무형의 활동으로 유형재나 다른 서비스와 결부되지 않고 독립적으로 인식되어지는 기능
Kotler	한쪽이 상대방에게 제공하는 효용이나 그에 따른 행위로 본질적으로 무형성을 갖고 소유권 이전행위를 수반하지 않는 것
Zeithmal	서비스는 행위, 과정 및 그 결과인 성과임

자료 : 우문호 외, 외식산업론, 학문사, 2003, 저자재구성

1) 접객서비스 종사원의 기본요건

서비스란, 사람에 의해서 행해지는 행동이므로 서비스 종사원의 인적서비스

의존도가 매우 높다고 할 수 있다. 고객지향적이고 타 업체와는 차별화된 경쟁적인 서비스의 제공은 사업의 성공여부를 판가름하는 결정적인 요소가 될 수 있다. 따라서 서비스 종사원은 외적인 태도와 내적인 서비스정신을 잘 갖추어 맡은 직무를 잘 수행해야 한다. 서비스 종사원으로서 갖추어야 할 일반적 요건을 살펴보면 다음과 같다.

(1) 환대성 및 봉사성Hospitality & Service

서비스는 환대기업의 특성이라고 할 수 있고, 레스토랑서비스는 환대정신을 가장 필요로 하고 중요시한다. 마음에서 우러나오는 진실 된 서비스정신으로 고객서비스에 임해야 하며, 규격화되고 기계적인 행동이나 느낌, 사무적이고 수동적인 서비스보다는 인간미가 느껴지는 접객태도와 서비스를 통해 고객은 만족을 느끼며 칭찬을 아끼지 않게 된다. 단정한 자세로 고객을 환대하고 미소 띤 얼굴과 다정한 자세로 고객에게 접근하여 정중히 맞음으로써 고객으로 하여금 정성어린 환대를 받고 있다는 호감과 수준 높은 접객서비스를 받는다는 느낌을 받도록 해야 한다.

(2) 청결성Cleanness

위생과 청결은 레스토랑의 생명이라 할 만큼 매우 중요한 요소이다. 청결성은 공공위생Public Sanitation과 개인위생Private Sanitation으로 구분된다. 서비스의 제공을 위해서 사용되는 기물, 장비, 비품, 소모품을 점검하고 청소상태, 환경정리, 시설물을 정비하는 것이 공공위생에 해당된다. 신체의 각 부위, 복장, 태도, 걸음걸이 등 자기자신의 청결에 해당되는 것이 개인위생이라고 할 수 있다. 단정한 복장과 밝은 마음가짐으로 레스토랑을 찾은 고객에게 좋은 인상을 주어야 한다.

(3) 정직성Honesty

정직하고 양심적인 종사원의 태도는 레스토랑의 명예를 높여주고 종사원들 간에 신뢰를 구축하여 영업장의 지속적인 발전과 번영을 가져다준다. 올바른 마음가짐과 정직함을 통해서 영업장과 직원 사이에 신뢰가 구축되며 레스토랑의 명예를 높여주고 발전을 가져올 수 있다.

(4) 능률성Effciency

능률성이란, 맡은 바 임무를 정확히 파악하여 주어진 시간 내에 최대한 능력을 발휘하여 업무를 처리하는 것을 말한다. 여기에는 적극적 사고와 행동, 능동적 업무처리 능력이 요구된다. 쓸모없는 행동은 업무의 비효율을 수반하게 되므로, 종사원들은 업무의 능률을 올리기 위해 효과적인 업무의 흐름을 숙지하여 스스로 창의적이고 적극적인 자세로 작업에 임해야 한다.

(5) 경제성Economy

경제성이란, 최소한의 경비지출로 최대한의 이익을 얻는 것을 말하며, 경영자는 종사원이 최소의 비용으로 최대의 효과를 올려주기를 기대한다. 종사원들은 절약정신과 주인의식으로 모든 기물을 아끼고 소중히 여기는 습관을 가져, 운영에 소요되는 비용을 절감하여 스스로 경영기여도를 높이는 태도를 가져야 한다.

2) 접객서비스 종사원의 용모

(1) 남자종사원

① 두발상태

- 앞머리는 이마를 덮지 않고 귀가 보이도록 하며, 짧고 깨끗하게 손질한다.

- 뒷머리는 와이셔츠의 깃에 닿지 않고, 옆머리는 귀가 덮지 않도록 한다.
- 파마와 염색은 원칙적으로 금지하며, 매일 머리를 손질하고 청결하게 유지한다.

② 복장상태

- 유니폼은 항상 청결하고 다림질이 잘 된 것으로 착용한다.
- 단추가 떨어져 있는지, 바느질이 터진 곳은 없는지를 세심하게 주의를 기울인다.
- 상의나 바지의 포켓에는 필요 없는 것을 넣지 않는다.
- 얼룩이 지거나 더러워졌을 때는 즉시 교환하여 착용한다.
- 명찰은 정위치에 반듯하게 단다.
- 만년필이나 볼펜은 안쪽 주머니에 넣고, 바깥 주머니에 꽂지 않는다.

③ 와이셔츠

- 회사에서 지급된 것으로 착용하고, 언제나 청결하고 주름이 없는 것으로 착용한다.
- 옷자락이 바지바깥으로 보여서는 안 되며, 소매 끝, 깃 등이 더러운 와이셔츠는 입지 않는다.

④ 구두와 양말

- 구두는 매일 닦아서 윤기를 내야 한다.
- 검정단화를 착용하고, 복잡한 디자인의 착용을 금하며 구겨 신어서는 안 된다.
- 구두뒤축이 닳은 것이나 밑창이 떨어진 것은 신지 않도록 한다.
- 양말은 곤색 및 검정색을 착용하고 청결을 유지한다.

⑤ 얼굴

- 면도는 매일 하고 콧수염도 주의하여 자주 자른다.
- 얼굴의 종기나 상처 등은 신속히 치료하고, 향이 강한 로션이나 화장품은 사용하지 않는다.
- 식사 후에는 반드시 양치질을 하고, 입냄새가 나지 않도록 주의를 기울인다.

⑥ 손과 손톱

- 손은 항상 깨끗이 씻어 청결을 유지하고, 손톱은 짧게 깎는다.
- 상처가 난 손으로 서비스를 해서는 안 되며, 근무 중에 손으로 얼굴 · 입 · 코 등을 만지지 않는다.

(2) 여자 종사원

① 두발상태

- 머리형은 얼굴 형태에 맞게 단정하고 깨끗하게 유지한다.
- 흘러내리지 않게 짧게 자르거나 단정하게 묶어, 뒷머리가 블라우스 깃을 덮지 않도록 한다.
- 고객에게 불쾌감을 주는 요란한 파마는 하지 않으며, 헤어밴드는 지정된 것으로 착용한다.
- 핀, 헤어밴드, 머리그물망, 리본 등을 사용하여 머리 모양을 단정히 유지한다.

② 복장상태

- 유니폼은 항상 청결하고 다림질이 잘된 것으로 착용한다.
- 단추가 떨어져 있는지, 바느질이 터진 곳은 없는지 세심하게 주의를 기울인다.
- 스커트의 길이 등은 회사의 표준사이즈를 지키며, 유행을 따르지 않는다.
- 얼룩이 지거나 더러워졌을 때는 즉시 교환하여 착용한다.

- 명찰은 정 위치에 반듯하게 단다.

③ 블라우스

- 회사에서 지급된 것으로 착용하고, 언제나 청결하고 주름이 없는 것으로 착용한다.
- 옷자락이 바지 바깥으로 보여서는 안 되며, 소매 끝, 깃 등이 더러운 와이셔츠는 입지 않는다.

④ 구두와 스타킹

- 구두는 매일 닦아서 윤기를 내야 한다.
- 검정단화를 착용하고 복잡한 디자인의 착용을 금하며 구겨 신어서는 안 된다.
- 구두뒤축이 닳은 것이나, 밑창이 떨어진 것은 신지 않도록 한다.
- 스타킹은 짙은 색상을 피하고, 살색에 가까운 것을 선택한다.
- 스타킹이 흘러내리거나 올이 나가지 않은 것으로 신고, 만일에 대비하여 여분의 스타킹을 사물함에 구비해 둔다.

⑤ 얼굴

- 화장은 밝고 자연스러워야 하며, 너무 화려하거나 진하지 않게 한다.
- 향이 강한 화장품의 사용을 금한다.
- 화장을 전혀 하지 않는 얼굴로 근무에 임하지 않는다.
- 눈화장은 자연스럽게 하고, 속눈썹은 달지 않는다.

⑥ 손과 손톱

- 손은 항상 깨끗이 씻어 청결을 유지하고, 손톱은 짧게 깎는다.
- 상처가 난 손으로 서비스를 해서는 안 되며, 근무 중에 손으로 얼굴 · 입 · 코

등을 만지지 않는다.

- 반지착용을 금한다.

3. 주방관리

1) 주방의 개요

(1) 주방의 정의

주방이란, 일정한 공간을 중심으로 각종 조리기구와 식재료의 저장시설을 갖추고 고객에게 제공될 조리 상품을 기능적이고 능률적으로 만들기 위한 작업공간을 말한다. 외국 문헌인 요리사전The Cook Dictionary에 의하면 주방이란 "음식을 만들 수 있도록 시설이 갖추어진 일정한 장소 또는 음식을 만들기에 편리하도록 시설을 갖춘 방The Room or Area Containing the Cooking Facilities Also Denoting the General Area Food is Prepared"이라고 정의하였다.

주방은 생산과 소비가 동시에 이루어지는 독특한 특성을 갖는 공간, 즉 고객에게 식·음료를 제조함과 동시에 판매하는 장소이며 상황변수가 많은 독특한 장소라고 말할 수 있다. 이렇듯 주방은 음식물을 생산하는 공간으로서 조리기능 및 판매기능, 서비스기능의 복합적 시스템이 이루어지는 중요한 공간이다. 음식을 생산하는 단순한 공간이 아니라 식재료의 구매관리를 비롯하여 운영에 있어서도 중요한 부분을 차지하며, 최상의 재료를 사용하여 양질의 음식을 생산하여 최대의 이윤을 창출하는 곳이다.

다양하고 전문화된 조리기술과 고객들의 욕구와 기호도가 상승하면서 주방의 형태도 변하고 있다. 과거에는 주방이 쉽게 눈에 띄지 않는 밀폐형 주방Close Kitchen이 주된 형태였으나, 현대는 고객이 음식을 만드는 과정을 쉽게 볼 수 있는 오픈 주방Open Kitchen이 확산되고 있다.

(2) 주방관리의 중요성

일반적으로 '관리'란 사람을 통제하고 지휘, 감독하는 것이라고 말할 수 있다. 즉 "시설이나 물건의 유지, 일을 맡아서 처리하는 것"으로 설명된다. 주방관리는 일반적인 관리의 의미와 크게 다르지 않다. 고객에게 제공될 상품을 가장 경제적으로 생산하고 최대의 이윤을 창출하는데 요구되는 사항들은 구체적으로 관리하는 단계로서 인적 자원과 물직 자원, 정보적 자원을 관리하는 과정을 주방관리라고 정의할 수 있다.

레스토랑은 고객에게 음식과 서비스를 제공하기 위한 영업장과 주방의 공간으로 구성되어 있다. 좁은 의미의 주방관리는 음식생산과 관계있는 주방설계, 주방시설, 주방기기, 기물, 비품 등을 체계적으로 관리하는 것을 말하며, 넓은 의미로는 주방의 조직과 직무관리, 위생 및 안전관리, 메뉴관리, 원가관리, 식재료관리 등 주방에서 이루어지는 모든 관리활동이 포함된다.

주방은 레스토랑의 심장과도 같다. 주방은 단순히 음식을 생산하는 곳이 아니라, 고객에게 제공될 상품을 경제적으로 생산하여 최대의 이윤을 창출하기 위한 효율적인 관리가 요구된다. 주방관리의 궁극적 목적은 생산성의 극대화에 있고 적정한 식사 제공을 통한 건강증진, 만족스런 음식과 서비스 제공을 통한 레스토랑의 매출증대에 있다. 또 조리기능, 판매기능, 적절한 분위기 연출이 레스토랑의 효율적인 운영에 영향을 미친다고 할 수 있다.

(3) 주방의 형태

주방의 형태는 식재료의 반입, 검수 공간, 저장 공간, 조리 공정의 과정에서 필요한 장비와 시설물 및 작업동선, 서비스 공간이다. 주방 내에서 모든 작업을 일괄하여 진행하는 경우와 분리하여 진행하는 경우로 나눌 수 있고, 작업효율과 경영효율에 따라 시설과 설비의 내용이 달라진다.

주방의 형태는 크게 전통형 주방, 혼합형 주방, 분리형 주방, 편의형 주방으로 나눌 수 있다. 전통형 주방은 식재료의 구입과 조리전의 준비, 음식을 만드는 장소가 같은 장소에서 이루어지는 주방이며, 일반적으로 가장 많이 사용되는 형태이다. 혼합형은 식재료 준비와 음식을 만드는 주방이 한 공간 안에서 분리되어 있는 형태이다. 분리형 주방은 조리 전의 식재료 준비와 음식을 만드는 공간이 서로 공간적으로 분리되어 운영하는 주방이다. 즉 호텔과 같이 여러 레스토랑이 모여 있는 경우에 편리하게 다듬어진 식재료를 메인 주방으로부터 공급받아 각 주방에서 음식을 마무리하는 형태이며, 중앙 주방을 중심으로 여러 주방이 서로 유기적인 관계를 맺고 있는 형태이다. 편의형 주방은 반조리되거나 완전조리 된 식재료만 구입하여 마무리 조리 주방만 있는 형태이다.

2) 주방의 조직 및 직무분석

표 5.3 주방의 조직 및 직무분석

직무명	주 요 업 무
총주방장 (Executive Chef)	• 실질적으로 주방업무 총괄함 • 조리사들의 인사관리 • 식재료 구매의 결정과 결재 • 메뉴개발 및 원가관리
조리장 (Suos Chef)	• 총주방장을 보좌하고 총주방장의 부재 시 주방의 모든 업무를 책임짐 • 소속 주방과 조리사들에 관련된 모든 업무 관장 • 주방의 메뉴관리, 위생관리, 재고관리 • 주방기기와 기물관리 및 점검 • 조리사들의 근태관리
부 조리장 (Chef de Partie)	• 조리장을 보좌함 • 음식준비 과정과 조리된 음식에 대한 검사 • 대상으로 메뉴에 대한 교육 및 훈련
주임 조리사 (Demi Chef de Partie)	• 부조리장의 부재 시 역할 대행함 • 부분업무 책임자로서의 업무 수행 • 위생, 안전상태 체크 및 보고업무 수행
1급 조리사 (1st Cook)	• 음식소비량 예측 및 메뉴계획 작성 • 요리재료 신청하기도 함 • 하급직원 감독 및 음식 준비

직무명	주 요 업 무
2급 조리사 (2nd Cook)	• 주임 조리사와 1급 조리사의 지시에 따라 업무를 수행함 • 선임 조리사의 조리업무를 보좌함 • 주방 내 업무에 필요한 제반사항을 준비함
3급 조리사 (3rd Cook)	• 2급 조리사와 같은 일을 수행함 • 파트장의 지시에 따라 정리정돈, 식자재 수령, 각종재료의 손질 및 정선 등의 업무를 수행함
조리 보조 (Cook Helper)	• 아르바이트생이나 인턴직원이 포함됨 • 조리사에게 필요한 기본적인 업무 수행 • 전처리, 칼 갈기, 냉장고 정리, 주방 내 조리도구 정리정돈
담당과장 (Chief Steward)	• 각종 주방기기 및 식기류의 구매를 의뢰함 • 기물 관리부서의 인력관리와 교육담당
식당 정비원 (Steward)	• 담당 과장의 지시에 따름 • 기물 및 장비를 세척하고 식기를 관리함 • 원활한 조리작업 진행을 지원함

자료 : 백남길 외, 외식창업경영, 지식인, 2014

3) 주방시설물 관리

주방기기의 발달로 조리부분이 세분화되고 기계화됨은 물론 품질의 균질화와 노동력이 절감되는 효과를 보게 되었다.

4. 매뉴얼의 이해

1) 매뉴얼의 정의

매뉴얼Manual의 사전적 의미는 '관람', '소책', '교본', '편람', '입문서'이며, 매뉴얼은 "어떤 내용이나 행동양식을 축소, 정리, 간편화시켜 문서로 나타내어 그것을 읽어보고 습득함으로써 기대하는 목표를 쉽게 달성할 수 있도록 짜여진 업무지침 또는 행동요령"이라고 할 수 있다.

외식업체의 효율적인 운영관리를 위해서는 시스템화가 필요하고, 이 시스템화의 토대가 되는 것이 매뉴얼이다. 레스토랑 작업의 효율성과 상품의 일관성을 유지하기 위해서 반드시 필요한 도구가 되는 것이 매뉴얼이다. 최근 들어 프랜차이즈 형태의 외식기업들이 확장되면서 일정수준의 품질과 서비스 제공을 위해 매뉴얼의 역할과 중요성은 더욱 커지고 있다.

표 5.4 이용방법에 따른 매뉴얼의 구분

직원 매뉴얼	직원의 업무입문, 업무 안내, 마음가짐 등
절차 매뉴얼	조리, 판매, 구매 또는 회계업무 등과 같이 업무별 작업 순서 및 범위를 표준화
조직 매뉴얼	조직도, 직무설명서, 직무명세서 등 조직과 관련
방침 매뉴얼	관리자가 업무상 의사결정을 내릴 때 기준으로 할 경영방침

자료 : 박기용, 외식산업경영학, 대왕사, 2009

2) 매뉴얼의 기능

(1) 운영기준의 제시

매뉴얼은 상품의 질을 지속적으로 균일하게 유지시켜 주는 품질관리 도구로서의 기능을 갖는다. 매뉴얼이 없으면, 직원의 주관적 판단이나 상식에 의해서 적당한 교육에 의존하게 되어 본래 의도된 경영방침에서 벗어나게 된다.

(2) 경영노하우의 전달

레스토랑의 경영노하우를 체계적이고 효과적으로 전달하기 위한 방법으로는, 사람을 통한 전수방법과 문서를 포함한 기타 유형물에 의한 방법이 있다. 문서 및 유형물인 매뉴얼을 제공하면 비용을 줄일 수 있고, 사람의 지도를 보강하고 보충해 주는 역할을 한다.

(3) 원가관리 수단 및 경영활동의 수단

제품별 식재료 원가, 시간당 노동력 투입량, 시간당 생산량 등의 계산에 효과적이고, 필요 산출량에 따른 소요인력의 예측을 가능하게 하여 원가관리의 수단이 된다. 매뉴얼을 활용함으로써 직무를 효율적으로 수행할 수 있고, 직원 모집, 상권 및 입지분석, 교육, 광고, 홍보 등을 포함한 생산성 향상을 기대할 수 있다.

(4) 커뮤니케이션 수단

매뉴얼의 기능은 표준화, 전문화, 단순화의 시스템을 확립하는 것이다. 시행하는 매뉴얼을 통해서 구성원 간의 커뮤니케이션이 이루어져 각자의 역할을 이해하고 협조할 수 있다. 이를 원활히 활용하기 위해서는 체계적인 교육과 훈련이 필요하다.

표 5.5 매뉴얼의 장 · 단점

장 점	단 점
• 대량생산, 대량판매 가능 • 품질의 균질화 및 표준화 가능 • 원가절감 및 경제성 • 효율적인 작업관리 • 다점포 전개가 용이함 • 기업의 콘셉트 실현 • 인재육성 가능 • 교육훈련에 의한 단기간의 기대효과	• 전문성의 부족 • 기술습득의 어려움 • 노동의 단순화 작업 • 창의성이 무시되기 쉬움

자료 : 김기영 외, 외식산업관리론, 현학사, 2006

3) 매뉴얼의 구성

(1) 운영관리 매뉴얼

운영 매뉴얼Operating Manual은 레스토랑의 전반적인 개괄적이고 주된 매뉴얼이다. 접객서비스 및 교육훈련 등 레스토랑의 주요 기능이 이 매뉴얼 안에서 결정된다고 할 수 있다. 운영 매뉴얼의 내용에는 일반적 규칙, 메뉴와 메뉴계획, 장비의 사용과 취급, 식재료 구매관리, 식재료 입고와 저장관리, 위생관리, 조리작업 준비, 음식제공 방법과 서비스, 재무관리, 인사관리, 마케팅, 시설관리 등의 포함된다.

(2) 교육훈련 매뉴얼

교육훈련 매뉴얼Training Manual은 직원의 교육수준에 맞게 작성하며 실제적 교육훈련Hands-on Training, 공식적 교육훈련Formal Training, 지속적 교육훈련Ongoing Training 프로그램 등으로 구성된다. 교육훈련 매뉴얼의 내용에는 채용매뉴얼, 초기교육용 매뉴얼, 교육커리큘럼, 평가시스템, 카운슬링과 모티베이션시스템 등이 있다.

(3) 마케팅 매뉴얼

마케팅 매뉴얼Marketing Manual은 고객의 영양정보, 고객 정보, 필수 식재료정보 등 레스토랑 고유의 이미지를 만들기 위한 내용이 포함된다. 레스토랑의 마케팅철학 및 제품, 서비스 등이 마케팅 매뉴얼에 약술된다.

(4) 광고 매뉴얼

광고 매뉴얼Advertising Manual에는 광고를 비롯한 판촉, 홍보활동의 내용이 기술된다. 현재와 과거의 판촉자료를 바탕으로 광고전략 및 광고계획이 설명되어 있다.

(5) 품질관리 매뉴얼

품질관리 매뉴얼Quality Control Manual은 제공되는 음식과 서비스를 포함한 기술관리, 서비스 유지, 고객의 불평처리, 쓰레기관리 등 상품의 유지와 관련된 품질관리 척도가 기술되어 있다.

4) 매뉴얼의 작성요령

① 누구라도 읽어보고 바로 이해할 수 있고 행동하기 쉽도록 작성할 것
② 문자는 가능한 적게 표현하고 삽화(일러스트)나 사진으로 표현할 것
③ 부정적인 표현보다는 긍정적인 표현을 사용할 것
④ 잘못된 사례를 나란히 기술할 것
⑤ 표현은 간단하고 쉽게 하는 것이 바람직하나 절대 지켜야할 내용은 꼭 기록할 것
⑥ 목표치는 반드시 숫자로 표시할 것
⑦ 도식으로 표시하되 도식은 표준화된 것일 것
⑧ 일일이 해설을 필요로 하는 문구로는 표현하지 말 것
⑨ 작업공정이 있으면 PERT발전검토기술, Program Evolution & Review Technique로 기록할 수 있을 것
⑩ 매뉴얼은 실무경험자가 작성할 것

CHAPTER 06 메뉴관리

1. 메뉴의 정의 및 유래

메뉴Menu는 "고객에게 식사로 제공되는 요리의 품목, 명칭, 형태, 순서 등을 체계적으로 알기 쉽게 설명해 놓은 목록이나 차림표, 일람표, 식단표"를 말한다. 이처럼 '차림표' 또는 '식단'의 뜻으로 쓰이는 메뉴는 오늘날 전 세계적으로 통용되는 용어이며, 그 어원은 라틴어의 'Minutus', 영어로는 'Minute'의 뜻으로 '상세히 기록하다'라는 의미로, 하나하나의 요리를 상세히 기록했다는 'Detailed Record', 혹은 'Detailed List'를 의미한다.

메뉴의 사전적 의미를 살펴보면 『웹스터사전Webster' Dictionary』에서는 "A detailed list of the foods served at a meal", 즉 식사로서 제공되는 음식들에 관해서 상세히 기록한 표로 정의하였고, 『옥스퍼드사전The Oxford Dictionary』에서는 "A detailed list of the dishes to be served at a banquet or meal", 즉 연회나 식사로서 제공되는 음식들에 관해 상세하게 기록한 표로 정의하였다. 1961년 개정판 『국어대사전』에서는 "차림표 또는 식단"이라고 정의하였다.

메뉴는 본래 주방에서 사용하는 식재료를 조리하는 방법을 설명해 놓은 것인데, 서기 1498년경 프랑스의 어느 귀족의 아이디어라고 전해지고 있다. 그 후 서기 1541년 프랑스 앙리Henri8세 때 브랑위그 공작이 만찬회를 개최할 때, 제공하는 음식의 내용과 순서 등을 작성하여 순서대로 요리를 제공함으로써 번거로움이나 복잡함 없이 식사를 마칠 수 있었다는데서 그 유래를 찾아볼 수 있다. 그 이후 메뉴는 귀족 간의 연회에서 유행하게 되었고, 유럽각국에 전파되어 정찬의 메뉴Table d'hote Menu로서 사용하게 되었다. 현재 레스토랑에서 사용하고 있는 차림표는 19세기 초 파리에서 사용하기 시작하여 오늘날 일반대중에게 일반화되어 창의적으로 다양하게 만들어지고 있으며, 지금도 연회석상의 참석자에게 개인메뉴Individual Menu로 제공되고 있다.

메뉴의 정의는 시대에 따라 변화하였는데, 1960년대의 메뉴가 '차림표'의 개념으로 정의되었다면, 1970년대부터는 '마케팅과 관리'의 개념이 가미된 '차림표'로 정의되었고, 1980년대부터는 '차림표'의 개념이 삭제된 강력한 '마케팅과 내부통제 도구'로 정의되고 있다. 1980년대를 지나 1990년대에는 영업장 내부통제 도구로서의 관리지향적인 측면이 더하여졌고, 21세기에는 디자인의 개념이 더하여져 하나의 복잡한 유기체로서의 의미가 확대되었다.

표 6.1 학자에 따른 메뉴의 정의

학 자	정 의
Judy L. Miller Jack E. Miller Mahmood A. Khan Edward A. Kazarian Jack D. Ninemeier John W. Stokes Lendal H. Kotschevar	• 메뉴는 가장 중추적인 역할을 하는 관리도구이며 통제도구이다.
Bemard Davis & Sally Stone Donald E. Lundberg Judi Radice William L. Kahrl Douglas C. Keister	• 메뉴는 판매도구이다.
Robert A. Brymer Anthony M. Rey & Rerdinand Wieland	• 메뉴는 가장 중요한 마케팅 도구이다.
Hrayr Berberoglu	• 메뉴는 정보의 제공자다.
Lothar A. Kreck Leonard F. Fellman	• 메뉴는 레스토랑과 고객을 연결하는 대화의 고리이다. • 메뉴는 커뮤니케이션의 도구이다.
Albin G. Seaberg David V. Pavesic Nancy Loman Scanlon	• 메뉴는 레스토랑의 대화이다. • 판매와 PR의 도구이다. • 내부마케팅 도구이다.

자료 : 나정기, 메뉴관리의 이해, 백산출판사, 2006

메뉴는 고객에 대한 레스토랑의 모든 약속을 집합시켜 놓은 하나의 통일된 양식이다. 경영자는 메뉴를 통해서 고객들의 받을 이미지, 가격, 서비스품질 및 서비스를 예상할 수 있고 제공되는 메뉴상품을 통해 매출을 올릴 수 있으며, 이러한 요인들의 조합이 고객의 요구를 반영하고 충족시킬 때 경영목표를 달성할 수 있다. 고객에게는 주문의 수단이 되고 돈을 지불하고 음식을 얻음으로써 만족을 얻게 되는 매개체라고 할 수 있다.

따라서 메뉴는 고객과 레스토랑을 연결하는 대화의 도구이며, 판매촉진의 도구로서 레스토랑의 매출과 이윤에 직결되고, 생산 및 원가관리 등의 내부적 통제도구일 뿐만 아니라 판매, 광고, 촉진을 포함하는 마케팅 도구라고 정의할 수 있다.

2. 메뉴의 중요성과 역할

레스토랑의 중심은 메뉴이며 레스토랑의 얼굴이고 상징과도 같다고 할 수 있다. 메뉴의 구성 내용과 종류에 따라서 구매, 저장, 재고관리, 조리, 서비스 계획, 레스토랑의 경영활동이 결정되므로, 레스토랑의 모든 운영은 메뉴에서 출발하여 메뉴에서 끝난다고 할 수 있을 만큼 전반적인 경영과 운영에 영향을 미친다.

1) 메뉴의 중요성

레스토랑 경영은 메뉴의 계획으로부터 시작된다고 할 수 있고, 메뉴는 레스토랑 운영의 모든 과정에 영향을 미친다. 레빈슨Charles Levinson은 사실상 식당의 중요한 경영도구Managerial Tool가 메뉴라고 강조하였고, 비식과 클릭Hubert E. Visick & Peter E. Van Kleek은 판매를 위한 목록표가 아니고, 식당에서 이용할 수 있는 가장 중요한 상품화 도구Merchandizing Tool를 메뉴라고 지적하였다. 즉 메뉴표는 판매하고자 하는 제품의 안내와 표시 및 가격 등을 알려주는 단순한 목록표가 아니라, 상품력을 나타내는 핵심도구이며 동시에 고객이 무엇을 원하는지를 찾아내서 구매 욕구를 충족시켜주는 강력한 판매촉진 도구라 할 수 있다.

메뉴는 고객의 필요와 욕구, 원가와 수익성, 이용 가능한 식품, 조리설비의 한계, 메뉴의 다양성과 영양적 요소를 고려하여 계획되어야 하고, 레스토랑 경영이념과 콘셉트를 전달하고 경영활동을 조정하고 통제해야 한다.

2) 메뉴의 역할

(1) 최초의 판매수단

메뉴는 레스토랑 경영의 첫 인상이자 총체적인 근원이 되며, 고객과 커뮤니케이션하게 되는 최초의 판매도구이다. 고객은 메뉴표를 통해서 레스토랑과 처음으로 접촉하게 되며, 메뉴표가 전달하는 내용을 받아들여 자신에게 적합한 메뉴를 선택하고 그에 따라 행동하게 된다. 그러므로 고객이 좋아하는 음식에 대한 풍부한 지식과 고객을 관리하고 운용할 줄 아는 재치가 요구된다. 이처럼 메뉴는 고객과 레스토랑의 상호 커뮤니케이션의 도구가 되며, 라디오, TV, 신문, 잡지, 구전Word of Mouth으로 전달될 때 재방문을 유도할 수 있다.

(2) 마케팅도구

메뉴는 고객과 레스토랑을 연결시켜주는 무언의 전달자이다. 메뉴표는 상품을 고객에게 전달하는 역할을 하며, 고객은 제공된 메뉴를 통하여 자신이 구매하고자 하는 상품을 확인하고 주문하게 된다. 즉 내부적으로는 레스토랑에서 생산하는 상품이 무엇인지 직원에게 전달하고, 외부적으로는 판매 가능한 음식의 종류와 맛, 가격, 품질, 분위기를 전달한다. 다시 말해서, 메뉴는 판매하고자 하는 상품에 대한 가치를 보장해 주는 매개수단이 됨으로써 판매를 촉진하는 마케팅도구가 된다.

(3) 고객과의 약속

고객이 레스토랑에서 음식을 주문할 때 모든 것을 직접 눈으로 확인하고 주문하기는 어렵다. 조리된 음식을 직접 확인하는 대신에 메뉴표의 사진, 종류, 가격을 통하여 자신이 주문하고자 하는 음식을 선택하게 된다. 메뉴표는 레스토랑에서 판매하는 상품에 대하여 고객에게 정확하게 전달해 주어야 하고, 고객과의 약속과 신뢰의 매개수단이다.

(4) 내부통제 수단으로 이용

메뉴는 고객에게 레스토랑의 이미지를 전달하는 도구이며 레스토랑 경영의 핵심적인 역할을 한다. 고객과의 커뮤니케이션의 도구로서 속성이 명확하게 표현되어야 하며, 판매와 관련된 매우 중요한 상품화 수단으로서 레스토랑의 이윤을 창출하는 핵심요소이다. 메뉴는 내부적으로는 주방부서, 서비스, 생산, 구매, 마케팅 등 가장 경제적이고 효율적으로 생산할 수 있는 내부통제 수단이 되고 관리과정의 기본이 되는 도구이다. 메뉴는 구매, 저장, 시설, 레이아웃, 조직, 생산성 및 서비스, 유통, 원가관리 등 경영활동의 내부통제 수단을 포함한다.

3. 메뉴계획

메뉴계획은 각종 요리와 서비스방법, 가격을 결정하는 것으로서 성공적인 레스토랑의 운영을 위한 출발점이다. 메뉴는 레스토랑의 콘셉트가 구체적이고 사실적으로 표현되어야 하며, 고객의 욕구와 기대에 기초해야 하고 고객의 만족 또는 기대를 능가해야 한다. 시간이 흐름에 따라서 변화하는 고객의 욕구와 시대적 흐름에 적절한 대응과 관리가 필요하며, 합리적이고 체계적인 메뉴관리가 필요하다.

메뉴계획은 고객만족을 통한 이익의 극대화라는 목표에서 시작되는 마케팅의 출발점이라고 할 수 있다. 따라서 레스토랑의 콘셉트와 사명을 정확히 설정하여 목표시장의 욕구에 부응할 수 있는 경쟁력을 갖추어야 한다.

메뉴관리자는 메뉴계획 시 새로운 메뉴를 제공하는 이유가 분명해야 한다. 즉 새로운 메뉴를 제공하는 이유가 평균고객의 수 증가인지, 새로운 고객의 확보목적인지, 또는 새로운 시장의 개척의 확보인지 그 이유가 분명해야 한다.

메뉴계획은 각종 요리와 그 기본 조리법이나 서비스방법에 대한 해박한 지식, 영양가에 대한 이해와 미적인 감각Gastronomic Aspect이 요구되며, 어느 정도의 가격으로 판매하여 어느 정도의 예상 매출을 올릴 것인가에 대한 손익계산, 경제적 요소Economic Aspect 등이 사전에 예측되어야 한다. 또한 식당, 주방, 설비, 인원 등을 고려하여 정해진 시간대에 음식을 제공할 수 있는 측면Practical Aspect과 서비스 형태에 맞는 메뉴인지 등도 계획되어야 한다.

1) 메뉴계획 시 고려사항

(1) 고객의 욕구와 요구파악

메뉴계획의 첫 번째 요소는 고객의 욕구를 정확히 파악하는 것이다. 메뉴의력 대상층과 그 대상층의 요구와 경향을 분석하고, 각 업장의 입지조건과 판매표적시장 및 고객의 동향을 철저히 분석한 후 고객의 요구충족과 경영전략이 이루어져야 한다. 고객의 유형을 분석하기 위해서는 연령, 가족의 전통과 식습관, 윤리적 배경, 지역적인 선호도, 종교적 전통, 성별, 직종, 경제적 능력 등에 대해서 파악해야 한다.

(2) 식당입지

현재 위치하고 있는 음식점의 주위환경을 분석하여 음식점의 이용 잠재고객을 파악해야 한다.

(3) 메뉴 품목수

고객이 선호하는 메뉴를 다양하게 갖추어야 하며, 다양한 메뉴의 종류와 수는 고객에게 선택의 기쁨을 준다. 그러나 너무 많으면 고객에게 음식을 적시에 제공하는데 문제가 발생할 수 있다. 고객이 선호하는 메뉴를 어느 정도 세분화 시켜서 다양성을 추구하여 선택의 폭을 넓혀 매출의 극대화를 추구한다. 메뉴의 다양성은 음식품목뿐만 아니라 조직, 색깔, 형태, 음식의 종류와 조리법에도 적용된다.

(4) 식자재 공급시장의 상황

훌륭한 메뉴라도 재료를 적기에 구입하지 못하면 쓸모없는 메뉴가 된다. 계절에 따른 특정 식재료의 출하 상황 및 재배 작황, 산지의 가격 등 재료에 대한 정보를 입수하고 물량공급 및 원하는 식자재를 적시에 원하는 양만큼 구매하고 공급받을 수 있는 시장 상황을 의미한다.

(5) 조리설비 및 기기의 수용능력

주방은 식품서비스업의 중심부이고, 주방장비들은 요리를 만들어내는 중요한 수단이 된다. 주력메뉴에 사용하는 조리기기와 장비, 인력 등을 효율적으로 운영하여 생산성을 높일 수 있어야 하며, 각각의 메뉴특성에 적합한 전문설비의 배치로 특정요리의 효율성을 높이고 인건비의 부담을 줄일 수 있도록 적절한 기계를 선택하여 사용한다.

(6) 영양적 요소

음식의 품질과 맛, 모양 외에 영양적 균형을 함께 고려하여 계획해야 한다. 영양적 요소는 모든 사람들의 생활수준에 따라 다르며 대사과정도 연령, 성별, 활동성에 따라 다르다. 최근 건강식이나 웰빙푸드, 다이어트식에 관심이 증가하고 있으므로 영양학적 가치에 관심을 둔 고객들의 욕구를 충족시키는 메뉴 개발이 필요하다.

(7) 원가와 수익성 관계

메뉴의 원가가 높은 식품들로 구성되어 부담이 클 경우, 고객이 부담을 느껴서 판매에 어려움을 겪게 된다. 업체의 전체적인 원가의 목표를 염두에 두고 적절한 이윤의 획득과 아울러 매출도 늘릴 수 있는 방안을 모색해야 한다. 식재료의 원가는 레스토랑의 수익과 직결된다.

(8) 메뉴에 적합한 주류메뉴

메뉴제공 시 적합한 음료메뉴를 개발하여 메뉴 상호간에 상승효과가 나타날 수 있도록 해야 한다.

2) 메뉴의 분류

(1) 메뉴의 구성과 식사가격에 따른 분류

① 정식메뉴

정식메뉴란 풀코스 메뉴Full Course Menu로서 한 끼분으로 구성되어 있다. 숙박을 제공하는 시설에서 유래된 것으로서 숙박자의 편의를 도모하고 영업상 수익을 고려하여 숙박에 식사를 곁들여 제공하는 미국식 요금제도, 풀펜션Full Pension, Full Board에서 정식메뉴Table d'hote Menu, Full Course Menu가 생겨났다고 볼 수 있다. 투숙한 고객에게 똑같은 내용의 식사를 제공하였으며, 이것이 오늘날 정식메뉴의 유래가 되었다. 이 메뉴는 아침, 점심, 저녁, 연회 등을 막론하고 어느 때든지 사용할 수 있으나, 정해진 코스에 따라서 제공되므로 고객으로 하여금 선택의 기회가 제한된 메뉴이다.

정식메뉴의 제공 순서는 다음과 같다.

- 전채Appetizer, Hors d'oeuvre : 오르되브르
- 수프Soup, Potage : 포타주
- 생선Fish, Poisson : 푸아송
- 주요리 및 채소Main Dish & Salad, Entree Salad : 앙트레샐러드
- 후식Dessert : 디저트
- 식후음료Demi Tasse Boisson, Beverage : 베버리지

표 6.2 정식메뉴와 일품요리의 장 · 단점

구 분	정식메뉴	일품요리 메뉴
장점	• 신속한 서비스로 좌석회전율이 높음 • 가격이 저렴함 • 식자재 관리가 용이함 • 원가가 절감됨 • 메뉴관리가 용이함 • 서비스가 신속하고 능률적임 • 인력과 인건비가 감소함 • 조리과정이 용이함 • 메뉴에 대한 지식이 없어도 서빙이 가능함	• 선택의 폭이 넓음 • 단가를 높일 수 있음 • 기술 연마의 필요성에 따라 수준이 향상됨 • 유연성이 좋음 • 메뉴 개발에 창의성이 표현됨
단점	• 고객의 입장에서 선택의 폭이 좁음 • 가격변화에 적절하게 대처 할 수 있는 유연성이 결여됨 • 코스에 포함되어 있는 품목의 수가 제한됨 • 창의적인 메뉴와 서비스가 부족함 • 종사원의 능력개발 기회가 적음 • 코스별 가격결정에서 원하지 않는 메뉴의 가격에 대한 불만이 초래될 수 있음	• 메뉴관리가 어려움 • 인건비가 높음 • 원가가 상승함 • 이윤이 불안정함 • 홀 직원의 전문화가 요구됨 • 고객의 입장에서 가격이 비싸고 선택의 어려움이 있음

② 일품요리 메뉴

일품요리 메뉴A La Carte Menu의 시초는 서기 1972년 프랑스혁명 이후 파리에 많은 외국정부 대표들이 호텔에서 장기간 투숙하고 있었는데, 호텔에서 매일 똑같이 제공되는 정식메뉴에 권태를 느끼게 된데서 유래했다.

일품요리 메뉴A La Carte Menu는 주로 고급레스토랑에서 많이 이용되고 있는 것으로 표준 메뉴 또는 고정메뉴라고도 한다. 고객의 주문에 따라 조리사의 독특한 기술로 만들어진 각 코스별 요리를 나열해 놓으면 고객이 기호에 따라 음식을 선택하여 선택한 음식에 대해서만 가격을 지불하도록 구성되어 있다. 고객의 기호에 따라 다양하게 메뉴를 선택할 수 있어서 오늘날 쉽게 접할 수 있는 메뉴의 형태이고, 가격이 정식보다 비교적 비싼 편이며 각 품목별로 고정되어 있으므로 가격통제와 조정이 어려운 특징이 있다. 한 번 작성되면 장기간 사용하게 되어 요리준비나 조리 및 식재료 구입에 관련한 업무의 단순화 또는 능숙화라는 이점이 있다. 그러나 새로운 메뉴개발이 없는 이상 고객에게 신선하고 새로운 맛을 주지 못하고 지루함을 줄 수 있는 단점이 있다.

③ 특별메뉴

특별메뉴Daily Special Menu, Carte De Jour는 매일 시장에서 입수되는 재료를 기초로 주방장이 본인의 기술을 발휘하여 고객의 식욕을 돋우고 기호성을 살릴 수 있도록 구성된 메뉴이다. 구입하는 재료는 가장 좋은 양질의 재료로서 적절한 가격으로 때와 장소에 따라 신선하고 계절감을 살릴 수 있도록 해야 한다. 계절메뉴 등을 선보일 수 있고 원가 및 품질관리가 유리한 장점이 있으나 메뉴개발 및 재료 구입에 있어서 다양성과 복잡성이 요구된다.

특별메뉴의 장점은 다음과 같다.

- 성수기에 질 좋고 저렴한 식재료를 선택하여 합리적 가격결정이 이루어진다.
- 고객의 선택을 흥미롭게 도울 수 있고, 새로운 메뉴로 고정고객의 미각을 자극할 수 있다.
- 매일매일 제공되는 준비된 상품으로 신선하고 빠른 서비스를 할 수 있다.
- 재료 사용상의 재고품 판매를 꾀할 수 있고, 판매증진 효과를 볼 수 있다.
- 종업원들이 매일 새로운 메뉴를 제공하는 업무를 통해서 변화를 기할 수 있다.

- 레스토랑의 긍정적인 이미지 구축에 도움이 된다.

(2) 메뉴의 이용 빈도(변화 정도)에 따른 분류

① 고정메뉴

고정메뉴Fixed Menu, Static Menu, Standardized Menu는 정식메뉴, 일품메뉴, 단기메뉴를 모두 포함하는 것으로 일정기간 동안 변하지 않고 제공하는 메뉴이다. 메뉴의 관리가 쉽고 주어진 기간 동안 같은 메뉴를 반복하여 사용하기 때문에 원가절감 및 생산성 향상, 전문성을 높일 수 있으며, 신속한 생산과 서비스로 좌석회전율을 높일 수 있다. 그러나 메뉴가 오랫동안 고정되어 있어서 싫증나기 쉬우며 변화에 유연성 있게 대처할 수 없는 단점이 있다.

② 순환메뉴

순환메뉴Cycle Menu는 특별한 기간이나 날짜를 주기로 메뉴를 순환하고 교체하는 메뉴의 형태이다. 변화를 주어 신선함을 줄 수 있고 계절에 따라 메뉴 품목의 조정이 가능하다.

③ 시장메뉴

시장메뉴Market Menu는 오늘의 특별메뉴 혹은 주간메뉴처럼 매일 또는 주간별로 메뉴를 교체하여 제공하는 것이다. 계절에 따라 좋은 식재료를 사용함으로 원가관리와 품질관리에 매우 유리하며, 계절에 따른 메뉴를 제공하여 고객의 기호를 충족시킨다.

(3) 메뉴의 제공시간에 따른 분류

① 조식메뉴

- 아메리칸 브렉퍼스트American Breakfast : 과일, 주스, 시리얼, 달걀요리, 토스트, 빵, 케이크류 등과 같이 각종 음식이 다양하게 제공된다.

- 콘티넨탈 브렉퍼스트Continental Breakfast : 간단한 식사로 주스, 토스트, 빵, 시리얼, 우유, 커피 등으로 구성된다.
- 비엔나 브렉퍼스트Vienna Breakfast : 빵(스위트 도넛, 데니쉬 페스트리), 롤빵, 달걀요리, 커피 또는 우유가 제공된다.
- 잉글리쉬 브렉퍼스트English Breakfast : 아메리칸 브렉퍼스트American Breakfast에 생선요리가 추가되는 특징이 있다.

② 브런치메뉴

브런치메뉴Brunch Menu는 조찬Breakfast과 점심Lunch의 합성어로, 아침과 점심의 중간에 먹는 식사이다. 특별하게 정해진 메뉴는 없으나 조식보다는 푸짐하고, 디너보다는 가볍게 먹고 주로 일요일이나 휴일에 인기가 있다.

③ 점심메뉴

점심메뉴Lunch or Luncheon Menu는 12시를 전후해서 아침과 저녁 사이에 먹는 음식으로, 저녁 메뉴보다 가볍고 저렴한 가격으로 제공된다. 오늘의 특별메뉴, 주방장 특선이 정식코스에 따라 제공된다.

④ 저녁메뉴

저녁메뉴Dinner Menu는 하루 중 가장 비중이 크고 다양한 형태의 식사를 즐길 수 있는 식사이며 정식메뉴 형태로 제공되므로 가격이 비싼 것이 특징이다.

⑤ 서퍼메뉴

저녁메뉴를 일반적인 정식식사라고 한다면, 서퍼메뉴Supper Menu는 비공식적인 성격을 띈다. 서퍼메뉴Supper Menu는 늦은 저녁식사 또는 밤참에 사용되는 메뉴로, 각종 모임이나 행사 후에 가볍게 먹으며 보통 2~3코스로 구성된다. 소화되기 쉬운 식재료와 조리법의 선택이 요구된다.

(4) 기타메뉴

① 연중메뉴

연중메뉴All-year-round Menu는 한 번 작성되면 연중 내내 사용되며, 레스토랑의 대표메뉴로 고객의 선호도와 매출에 기여도가 높다.

② 계절메뉴

계절메뉴Seasonal Menu는 한 계절에 맞게 작성되는 요리로, 그 계절을 대표하는 요리를 중심으로 구성된다.

③ 오늘의 특별메뉴

오늘의 특별메뉴Daily Special Menu는 당일의 특별메뉴로 그날의 특별요리를 메뉴로 제시한다.

④ 연회메뉴

연회메뉴Banquet Menu는 정식메뉴와 일품요리 메뉴의 성격을 겸한 것으로, 다양한 일품요리의 메뉴를 고객의 선택에 따라 정식메뉴로 구성하는 형태를 말한다. 고객의 요구에 따라서 음식 유형과 조리방법이 달라지고 연회비용, 고객의 수, 좌석배치, 서비스유형, 소요시간 및 기타사항들에 따라 메뉴의 구성이 달라질 수 있으며, 소연회메뉴The Ball Menu도 포함된다.

⑤ 뷔페메뉴

뷔페메뉴Buffet Menu는 각 순서마다 메뉴가 다양하게 구성된 메뉴로서 일정금액을 지불하면 본인의 기호와 식사량에 맞게 골라먹을 수 있도록 만든 메뉴이다.

- Open Buffet : 호텔의 뷔페식당이 대표적인 예에 속한다. 일정한 인원이 정해져 있지 않은 불특정다수를 위한 것으로, 일정액을 지불하면 마음껏 먹을 수 있도록 한 형태이다.
- Close Buffet : 연회장에서 연회 시에 제공되는 형태이다. 정해진 금액과 인원에 맞추어 식사가 제공된다.

⑥ 건강식메뉴

건강식메뉴Health Food Menu는 환자나 건강을 필요로 하는 사람들을 대상으로 육류, 생선, 아스파라거스 등 고단백영양식 요리로 구성되며 소식, 미용식, 다이어트식도 포함된다.

⑦ 경식메뉴

경식메뉴Light Menu는 단식 중인 사람들이나 비만증인 사람들을 위한 메뉴로서 생선, 달걀, 우유, 치즈, 과일, 주스 등을 사용하여 만든 메뉴이다.

⑧ 채식메뉴

채식메뉴Vegetarian Menu는 육류나 생선을 제외하고 주요리가 채소인 메뉴로서 달걀과 우유는 제한적으로 사용한다. 채식성을 원하는 고객의 증가로 인해서 일부호텔에서는 일품요리에 채식메뉴를 포함하기도 한다.

⑨ 음료메뉴

음료메뉴Drink Menu는 주류와 함께 마시는 것이 보편적이며, 외인이나 전통주를 별도의 메뉴로 구분하여 음료가 주 수입원의 역할을 담당하기도 한다.

표 6.3 메뉴의 분류

분류방법	메뉴의 종류
메뉴 구성내용 및 식사 가격	• 정식메뉴(Table d' Hote, Full Course Menu) • 일품요리(A La Carte Menu) • 특별메뉴(Daily Special Menu, Carte de Jour)
메뉴의 이용빈도	• 고정 메뉴(Fixed, Static, Standardized Menu) • 순환 메뉴(Cyclical Menu) • 시장 메뉴(Market Menu)
메뉴의 제공시간	• 조식 메뉴(Breakfast Menu) • 브런치 메뉴(Brunch Menu) • 점심 메뉴(Lunch or Luncheon Menu) • 저녁 메뉴(Dinner Menu) • 가벼운 메뉴(Supper Menu)
식당별 메뉴	• 양식메뉴(Western Menu) : 프랑스, 이태리, 미국 • 동양식 메뉴(Oriental Menu) : 한식, 일식, 중식, 인도 • 커피숍 메뉴(Coffee Shop Menu) • 룸서비스 메뉴(Room Service Menu) • 혼합식 메뉴(Mix Menu)
다양한 메뉴	• 연중 메뉴(All-year-round Menu) • 계절 메뉴(Seasonal Menu) • 오늘의 요리(Menu of The Day) • 연회장 메뉴(Banquet Menu) • 소연회 메뉴(The Ball Menu) • 뷔페 메뉴(Buffet Menu) • 건강식 메뉴(Health Food Menu) • 경식 메뉴(Light Menu) • 채식 메뉴(Vegetarian Menu) • 축제 메뉴(Festival Menu)

자료 : 박금순 외, 메뉴관리 및 디자인, 파워북, 2012, 저자재구성

4. 메뉴디자인

메뉴디자인은 메뉴계획에서 선정된 아이템을 메뉴판에 옮기는 과정으로, 상품의 정보를 고객에게 제공할 때보다 효과적으로 전달할 수 있도록 해야 한다. 메뉴는 고객에게 직접적으로 어떤 것을 살 수 있는지를 알려주는, 광고와 마찬

가지로 고객에게 만족을 줄 수 있는 유용한 판매도구이다.

메뉴판을 제작할 때 변경되는 메뉴에 대한 내용들을 쉽게 바꿀 수 있도록 경제적으로 제작해야 비용절감도 할 수 있으며, 이벤트 메뉴를 넣을 수 있는 기능성 또한 고려되어야 한다. 고객의 미각을 자극하고 음식의 이해를 도울 수 있도록 메뉴의 배열과 메뉴의 상세한 설명을 넣어야 하며, 이러한 요인들은 고객이 식사시간을 더욱 만족하게 하는 요소가 되기도 한다. 따라서 메뉴를 설명하는 글씨는 목표고객층의 취향을 고려하여 제작해야 한다. 견고한 재질의 메뉴판은 얼룩이 지지 않고 관리하기에는 용이하지만, 제작 및 교체비용이 많이 들기 때문에 충분히 고려해서 선택해야 한다.

메뉴계획자가 계획한 대로 디자이너에게 전달되어 메뉴판에 그대로 나타난 것을 잘 디자인 된 메뉴라 할 수 있으며, 그 의도를 그대로 고객이 해석하고 의도한 방향으로 결정을 내린다면 성공한 메뉴이다. 즉 가장 많이 팔고자 하는 아이템을 고객들이 많이 주문할 수 있도록 메뉴를 디자인하고, 메뉴가 의도된 역할을 기능적으로 잘 수행할 수 있도록 디자인된 메뉴를 성공적인 메뉴라 평가할 수 있다.

이러한 메뉴디자인의 다양한 역할에 대해 살펴보면 다음과 같다.

- 커뮤니케이션으로서의 역할
- 광고 및 홍보의 역할
- 마케팅 역할
- 개성과 이미지의 표현
- 고객과 레스토랑을 연결하는 판매촉진의 모체로서 종업원의 역할
- 고객에게 어떤 메뉴를 제공하겠다는 계약서의 역할
- 고객에게 판매하는 메뉴의 자세한 설명을 제공하는 설명서로서의 역할

1) 메뉴디자인의 기본원칙

메뉴디자인은 시각적인 구성양식의 중요한 요소 중 하나로, 기존의 레스토랑과 경쟁업체들에 관련된 메뉴디자인들을 취합하여 비교 분석하여, 메뉴계획자는 외부업체의 메뉴디자인과 관련된 여러 가지 구성요소들을 평가 및 분석하는 것이 필요하다.

메뉴의 기본디자인은 메뉴양식의 크기, 형태, 쪽수, 패널에 따라 달라지므로 실제 사용될 양식으로 결정해야 한다. 메뉴양식은 직사각형, 원형, 삼각형 등 다양한 모양으로 제작될 수 있으며, 표지들 사이에 다양한 페이지를 삽입할 수 있다. 레스토랑 경영자는 효과적으로 고객에게 메시지를 전달하여 의사소통이 될 때 메뉴디자인의 효과가 나타나게 된다.

메뉴디자인 계획 시 고려사항에 대해 살펴보면 다음과 같다.

- 메뉴북은 견고해서 얼룩이 가지 않는 종이를 사용할 것
- 메뉴북의 크기는 크기에 맞춰 석당할 것
- 메뉴를 쉽게 읽을 수 있도록 여백이 적당할 것
- 형태를 일정하게 하고 활자의 종류와 크기는 읽기 편할 것
- 전문용어를 피하고 이해가 잘되게 표현할 것
- 주력메뉴는 굵은 활자체, 밑줄 긋기, 스티커나 추가조항을 붙여 돋보이게 할 것
- 가격, 문법, 철자 등을 정확히 쓸 것
- 영업장의 이름, 주소, 전화번호, 서비스기간 등을 메뉴에 기록할 것

2) 메뉴디자인의 실제

(1) 메뉴의 크기와 형태

메뉴의 크기는 일정한 기준은 없지만 사용하는 언어, 아이템의 수, 사진첨가

유 · 무, 테이블의 크기에 따라 좌우되며, 이 밖에 레스토랑이 추구하는 목표와 메뉴의 특징, 레스토랑의 분위기나 수준 등을 표현할 수 있는 크기가 좋다.

메뉴의 형태는 대부분 가운데 부분이 접히는 책의 형태로 되어 있는 경우가 많으며, 이외에도 행사 등에서 많이 사용하는 한 장으로 된 것과, 바인더 형식으로 메뉴의 속을 갈아 끼울 수 있는 것도 있다.

① 싱글패널Single Panel

싱글패널은 한 면으로 구성된 형식으로, 가장 일반적인 싱글패널 메뉴의 크기는 6×8인치와 9×12인치이지만 더 크거나 작은 크기도 사용된다. 싱글패널의 형태는 직사각형, 원형, 삼각형 등으로 다양하게 사용되며, 이러한 형태는 바Bar나 캐주얼Casual 스타일의 레스토랑에서 사용되고 있는 형태이다.

② 투 패널 폴드Two-panel Folded

투 패널 폴드는 가장 많이 사용되고 있는 형식으로, 코스요리 메뉴에서 주로 사용된다. 투 패널 폴드의 메뉴북은 공간이 좁아, 요리품목을 너무 많이 기재하면 복잡해지고 전체적으로 조화를 이루기 힘들다. 그러나 디자인을 조율하여 메뉴 품목을 간결하게 정리할 경우, 적절하게 사용할 수 있는 폴드 형식이다.

③ 투 패널 멀티 페이지Two-panel Multi-paged Menu

투 패널 멀티 페이지는 여러 페이지를 두 겹으로 된 메뉴북 형식을 말한다. 이 형식은 공간을 충분히 확보할 수 있기 때문에, 여러 가지의 메뉴 품목을 사용하거나 설명이 긴 경우, 선택의 폭이 넓을 경우에 사용된다.

④ 트라이 패널 폴드Tri-panel Folded

트라이 패널 폴드는 3개로 구성된 메뉴판으로, 기본적으로 싱글패널 메뉴판에 양쪽으로 하나씩 패널이 붙어있는 형식이다. 이 형태 메뉴북의 경우, 시선이 중앙에 집중되므로 수익성이 높거나 많이 팔고 싶은 메뉴 품목을 중앙에 위치시켜야 한다.

⑤ 수직 투패널 폴드Horizontal Two-panel Folded

수직 투패널 폴드는 2개로 구성된 메뉴북을 의미하며, 수평으로 긴 형태로 기존의 형식과 다른 분위기를 느낄 수 있게 해준다. 메뉴 품목을 나열할 때 여유로움과 편안함을 주며, 캐주얼 레스토랑이나 스낵바에서 많이 사용하는 형태이다.

⑥ 멀티 패널 폴드Multi-panel Folded

멀티 패널 폴드는 패널이 4개 이상으로 구성되며 병풍식으로 접어지는 형태이다. 특별한 경우 외에는 사용되지 않지만, 젊은 층을 대상으로 하는 호프레스토랑 등에서 간혹 사용된다.

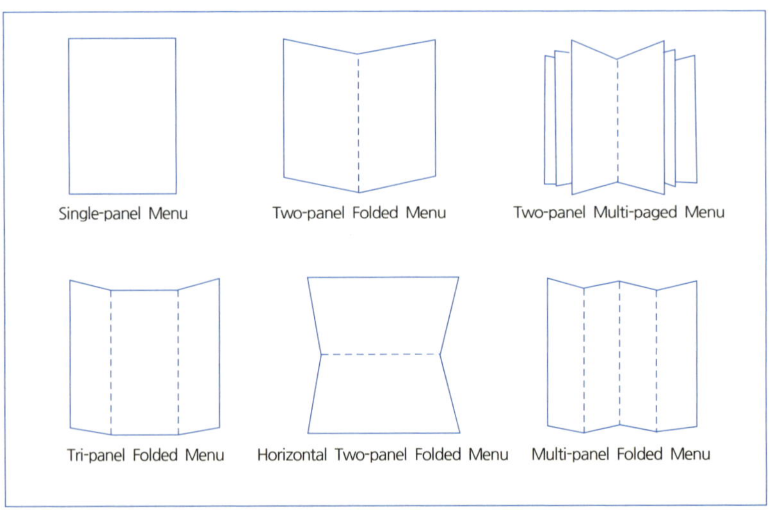

자료: Jack, D., Ninemeir, Management of Food and Beverage Operations, AH & MA, 1990

그림 6.1 메뉴의 기본 패널

(2) 메뉴의 기본배열

가장 기본적이고 일반적인 배열은 대칭적인 정방형, 비대칭형, 크리스마스 트리형, 혼합형으로 구분할 수 있다. 식당의 이미지와 분위기, 메뉴북의 크기 및 페이지의 메뉴배열이 달라진다. 메뉴의 배열은 크게 사각의 대칭형 배열이나 변형된 대칭형 배열, 비대칭형 배열 등 이외에도 이를 중심으로 수정된 형태로 되어 있다. 이 중 어떤 형태의 배열이 이상적이라고 할 수 없으며, 메뉴음식의 수와 레스토랑의 기본적인 포맷 등에 따라 적절한 배열방식을 선택하면 된다.

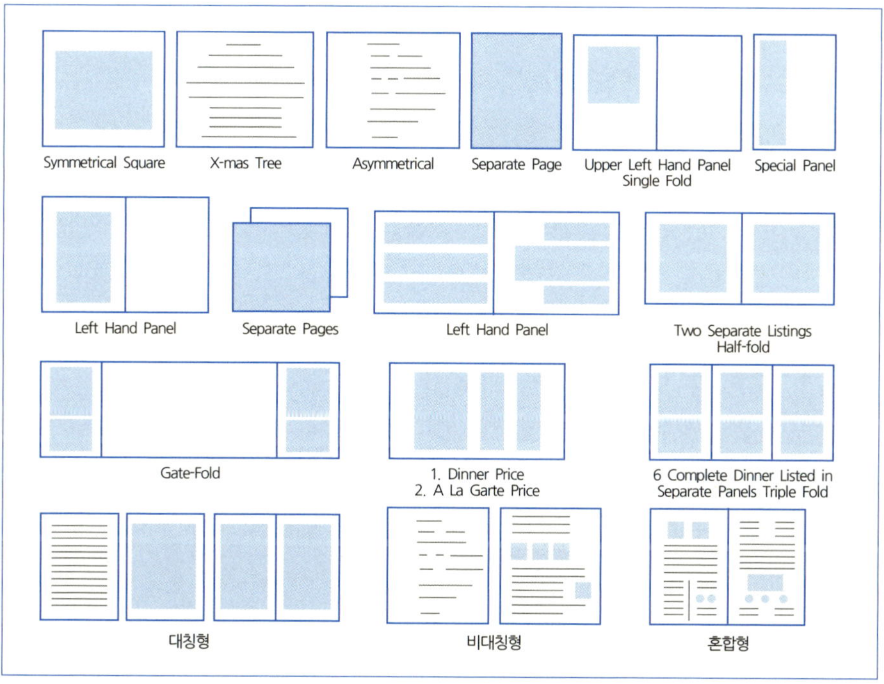

자료 : James R., Abbey, Hospitality Sales and Advertising, AH & MA, 1989; 원융희, 레스토랑메뉴디자인, 신광출판사, 2001

그림 6.2 메뉴의 기본배열

(3) 메뉴품목의 배치

메뉴품목을 배치할 때는 고객이 메뉴북을 처음 보는 곳을 기준으로 시선이 집중되는 지점에 인기메뉴나 주력메뉴를 배치하는 것이 좋다. 이러한 지점은 메뉴의 포맷, 페이지 수, 패널 수, 컬러, 활자체, 도안 등에 따라 다르게 나타난다.

이론적으로 모든 메뉴판에는 고객의 시선이 집중되는 곳이 있는데, 즉 시선이 제일 먼저 집중되는 곳을 말하는 것(제일 많이 집중하는 지점)이다. 그 지점은 메뉴의 포맷, 페이지 수, 패널 수 등에 따라 다르게 나타나며, 메뉴를 살필 때 고객의 시선이 어떻게 이동하는가를 연구한 이론이 눈의 이동에 관한 연구이다.

도에플러William Doerfler는 메뉴 디자이너이자 컨설턴트로 메뉴의 페이지 수 또는 패널 수에 따라 시각중심점과 시선의 이동방향을 그림 6.4와같이 표시하였다.

① 싱글패널Single Panel 메뉴

한 페이지로 구성된 싱글패널 메뉴의 경우, 메뉴를 수평으로 반으로 나눈 바로 위가 시각의 중심점이 되므로 가장 수익이 높은 음식들을 나열해야 한다.

② 투 패널 폴드Two-panel Folded 메뉴

투 패널 폴드는 두 페이지 메뉴로, 첫 장의 왼쪽 상단 모서리에서 두 번째 장 오른쪽 하단 모서리의 1/4쯤 위를 대각선으로 가로질러 자른 선을 기준으로 윗부분에 해당된다. 레스토랑에서 많이 팔리기를 원하는 메뉴가 위치할 수 있는 최선의 위치이기 때문에, 선호도가 높은 메뉴를 배열하는 것으로 생각하는 경우가 있으나 이와는 정반대이다. 이 위치에는 레스토랑에서 가장 많이 팔기를 원하는 수익성이 높은 메뉴, 전략아이템, 스페셜 또는 시그니처 메뉴를 배열해야 한다.

③ 트라이 패널 폴드Tri-panel Folded 메뉴

트라이 패널 폴드 메뉴는 메뉴를 수평으로 3등분한 후 밑에서 1/3에 해당하는 가운데 패널의 위가 중심지점이다.

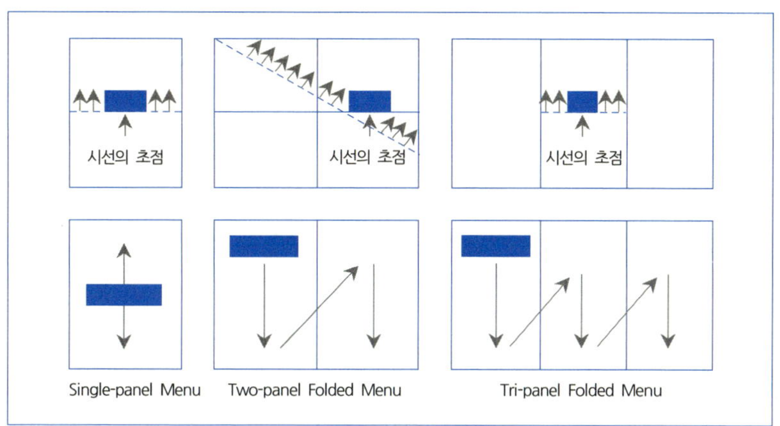

자료 : The Gallup Monthly Report on Eating Out, 1987, Vol.7, No.3

그림 6.3 메뉴북 시각의 중심점과 시선의 이동방향

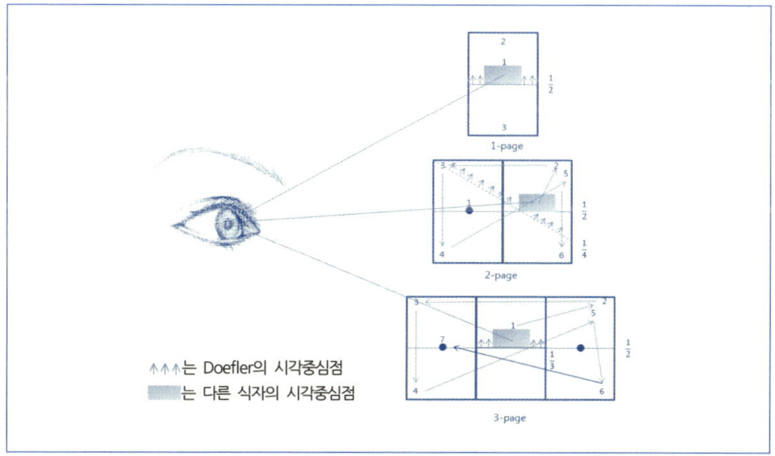

자료 : 김기영 · 염진철 · 조우제 · 이광옥, 외식산업관리론, 현학사, 2004

그림 6.4 시각의 중심점과 시선의 이동방향

(4) 활자의 서체와 크기

글자체 자체가 가지고 있는 특성이 있어 메뉴의 미적 · 심리적 효과를 줄 수 있으며, 고객이 읽을 수 있도록 적절한 크기의 활자와 크기를 사용해야 한다. 메뉴의 활자를 정할 때에는 크기 뿐 아니라 활자와 활자 사이의 간격, 메뉴품목 간의 간격, 강조할 품목에 대한 활자의 크기와 밝기 등에도 신경을 써야 한다.

메뉴북에 있어 여백이 필요한데 메뉴의 나열, 그림, 그 외에 다른 것들을 이용 가능한 전체여백 중에서 50% 이상으로 하는 것이 좋다. 활자의 크기는 일반적으로 6포인트부터 192포인트까지 사용하나, 메뉴에 사용되는 포인트는 최소 12포인트 이상이 되어야 고객이 보기에 이상적인 크기이며, 가독성을 방해하지 않게 3포인트 정도의 간격을 주는 것이 좋다. 활자체는 레스토랑의 콘셉트와 타깃 고객에 따라 달라지므로, 레스토랑의 전체의 분위기를 전달하고 고객들이 쉽게 읽을 수 있는 활자를 선택하는 것이 좋다.

5. 메뉴분석과 평가

메뉴의 분석과 평가는 메뉴를 계획과 디자인 과정, 실제의 메뉴, 일정기간 동안의 영업성과를 바탕으로 수익성과 선호도를 평가 및 분석하는 것이다. 이렇게 분석하고 평가한 결과를 바탕으로 피드백하여 메뉴계획과 디자인, 실제의 메뉴에 반영되어져야 한다.

1) 메뉴분석

메뉴분석을 하는 이유는 동종업체들 내에서 같은 종류의 아이템을 비교 · 분석하여 메뉴의 원가구조를 파악해 수익성과 선호도를 파악하여 메뉴정책에 반영하기 위함이다. 또한 메뉴비교점수 등을 사용하여 메뉴의 판매가능성을 측정하여 메뉴가격 변화와 판매촉진 전략을 통한 매출증대, 메뉴개발 · 통합 · 삭제 등으로 경영활성화를 위한 전략을 수행할 수 있다.

(1) 밀러의 방식

밀러Jack E. Miller가 1980년 『메뉴가격 결정과 전략Menu Pricing and Strategy』에서 발표한 방식으로, 일정기간 동안 판매된 메뉴의 원가와 판매량이 전체 메뉴에서 차지하는 비율로 산정하여 메뉴원가 비율과 판매량의 상관관계를 나타내는 방식이다.

이 분석방법에서 가장 좋은 메뉴는 식료원가의 비율이 가장 낮으면서 판매량이 가장 높은 아이템으로, 판매량이 높고 원가가 낮은 품목(인기도 있으면서 수익성도 높은 메뉴)이 최상의 품목Winner이라는 것이다. 반대로, 판매량은 낮고 원가는 높은 품목(인기도 없으면서 수익성도 낮은)을 최하의 품목Loser이다.

이 매트릭스 분석방법은 최저 식료원가 비율로 메뉴품목을 결정할 때에는 도움이 되지만, 원가율이 낮은 품목의 메뉴는 대부분 판매가격도 낮기 때문에 수익성이 떨어지는 품목이 되어 수익성이 없는 품목이 된다. 수익성을 올리기 위해 가격을 올린다면, 고객의 감소를 가져올 수 있다는 것이 한계점으로 지적된다.

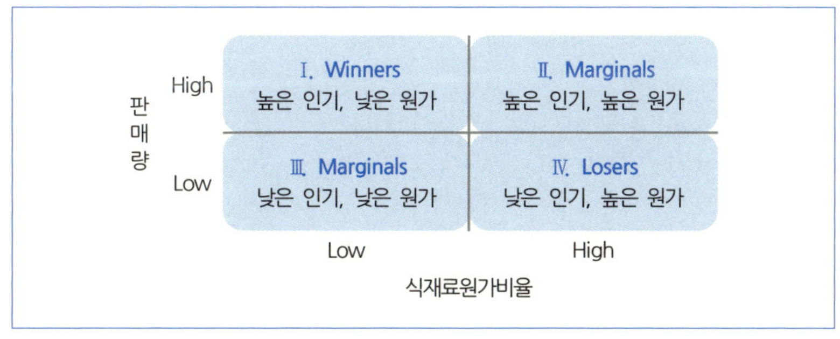

그림 6.5 밀러의 메뉴분석 매트릭스(Menu-analysis Matrices)

(2) 칸사바나와 스미스의 방식

1982년에 칸사바나Michael Kansavana & Donald Smith와 스미스에 의해 개발된 '메뉴 엔지니어링Menu Engineering'이라는 메뉴분석 프로그램으로, 높은 공헌마진과 판매량이 많은 메뉴의 상관관계를 나타내는 프로그램이다. 메뉴의 판매가와 원가, 그리고 팔린 수량의 정보만 요구되는 간단한 분석방법이다. 사용자측에서 쉽게 사용할 수 있다는 장점을 가지고 있는 반면, 식재료의 원가를 제외한 다른 비용이 고려되지 못하며, 분석되는 메뉴의 수가 많을 경우에만 의미 있는 분석이라는 단점을 가지고 있다. 그 외에도 메뉴의 판매가 결정전략이 분석에 고려되지 않으며 판매촉진 및 업셀링Up-salling 등과 같은 외적 변수가 고려되지 않는다는 많은 단점이 제시되었다.

표 6.4 메뉴 엔지니어링 분석표 예시

메뉴 품목	판매 수량	메뉴믹스 (%)	판매 원가	판매 가격	수익	품목당총 원가	품목당 총매출	품목당 총수익	수익 분석	선호도 분석	최종 분석
A	B	C	D	E	F(E−D)	G(D×B)	H(E×B)	L(F×B)	P	R	S
①	300	30	500	900	400	150,000	270,000	120,000	L	H	Plowhorse
②	100	10	250	500	250	25,000	50,000	25,000	L	L	Dog
③	50	5	200	900	700	10,000	45,000	35,000	H	L	Puzzle
④	150	15	500	950	450	75,000	142,000	67,500	L	H	Plowhorse
⑤	400	40	560	1,200	640	224,000	480,000	256,000	H	H	Star
합계	1,000	100				총원가	총매출	총이익			
	N					I	J	M			
*①~⑤는 메뉴명 *L : Low / H : High						484,000	987,500	503,500			
						원가율	평균 공헌 마진		선호도 기준 계산공식		
						K = I/J	O = M/N		Q = (I/N×0.7×100)		
						49%	503.5		14%(140개)		

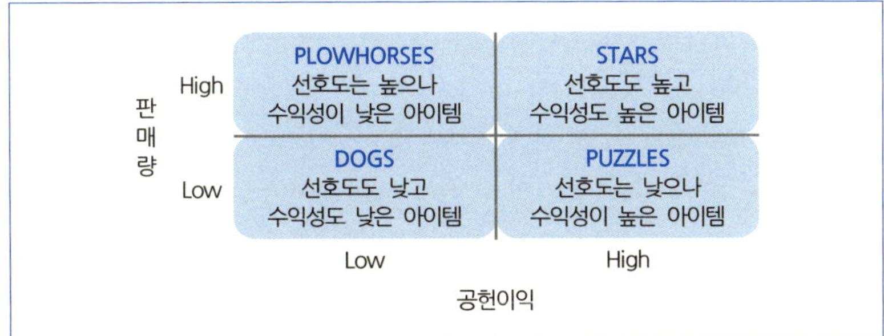

그림 6.6 칸사바나와 스미스의 메뉴분석 매트릭스

① STARS

선호도도 높고 수익성도 높은 아이템으로 분류된 그룹으로, 다음과 같은 개선사항이 요구된다.

- 현재 수준(포션 크기, 음식의 질, 담는 방법 등)을 유지한다.
- 가격의 변화에 고객이 민감한 반응을 보이지 않기 때문에 가격인상을 시도해 볼 수 있다.
- 눈에 띄기 쉬운 최상의 위치에 배열한다.

개선사항 중 최상의 위치에 배열한다는 요구사항은 상황에 따라 바람직할 수도 있으며 아닐 수도 있다. 그 이유는 STARS군에 포함된 아이템은 이미 고객에게 알려져 있어, 메뉴의 위치와 상관없이 고객이 선호하는 아이템이기 때문이다. 반대로, 메뉴상 최상의 위치는 전략적인 아이템이 배열되어야 한다. 가장 많이 팔리길 원하는 아이템이 수익성이 높은 아이템을 전략적인 아이템이라고 하는데, 이 밖에도 재고상의 문제가 있는 아이템이나 판매를 촉진하는 아이템, 고객을 유인하는 아이템도 여기에 속한다.

② PLOWHORSES

선호도는 높으나 수익성이 낮은 아이템군으로, 주로 중저가 가격의 아이템군으로 가격의 변화에 민감한 반응을 보이는 아이템들이다. 여기에 속한 아이템들은 수익성(공헌이익)만 높이면 STARS 아이템이 될 수 있으므로, 수익성을 높이는 방향으로 조치가 이루어져야 한다.

- 판매가 인상을 시도한다.
- 높은 선호도를 가진 아이템으로, 메뉴상 아이템의 재배치나 재포장하여 가격을 인상하는 방법을 고려한다.
- 식재료 원가가 높은 아이템과 낮은 아이템과의 조화를 통해, 전체적인 원가를 줄이고 판매가는 그대로 유지하면서 공헌이익은 높일 수 있는 방안을 강구한다.
- 포션Portion의 크기를 약간 줄인다.

③ PUZZLES

수익성은 높지만 선호도가 낮은 아이템으로 가격대가 높은 아이템군에 속하며, 선호도가 높이면 STARS 군에 속할 수 있는 아이템들이다. 따라서 수익성을 높이는 방향으로 개선이 이루어져야 한다.

- 생산하는데 특별한 기능이 요기되거나 많은 노동력을 요구하는 아이템은 삭제한다.
- 고객의 눈에 잘 보일 수 있는 최상의 위치에 배열한다.
- 아이템의 이름을 새롭게 바꾼다.
- 판매가를 인하해 선호도를 높인다.
- 이 그룹에 속하는 아이템의 수를 최소화한다.

④ DOGS

수익성도 없지만 선호도도 없는 그룹에 속하는 아이템으로 가장 바람직하지 못한 아이템군에 속하며, 선호도와 수익성을 동시에 높일 수 있는 방안을 강구해야 한다.

- 메뉴에서 삭제한다.
- 판매가를 인상하여 PUZZLES에 속하는 아이템으로 만든다.

(3) 헤이어스와 허프만의 방식

칸사바나와 스미스M. Kansavana & D. Smith의 선호도와 수익성 분석에 대한 모순을 지적하고 이를 해결하기 위한 방법으로, 헤이어스와 허프만David K. Hayes & Lynn Huffman은 원가율, 공헌이익, 선호도를 이용하여 아이템에 대한 수익성과 선호도를 분석하는 기법을 제시하였다. 이 분석기법은 순수익을 기준으로 아이템에 대한 수익성을 평가하기 때문에, 원가뿐만 아니라 고정비용과 변동비용을 고려하여 각각의 아이템마다 손익계산서를 만들어 순수이익이 높은 순위대로 서열을 정한 다음 목표이익과 비교하는 방식이다.

(4) 파베식의 방식

파베식David V. Pavesic의 방법은 식료원가율과 선호도로 측정된 공헌이익을 혼합한 분석방법으로, 식재료 원가율이 낮으면서 공헌이익이 높은 아이템이 최고의 아이템이라고 주장하며 이 분석기법을 CMACost Margin Analysis라고 하였다. 수익성이 높은 아이템을 만들기 위해 판매가격을 높이면 고객이 줄어들 수 있기 때문에, 메뉴상의 전체 아이템에 대한 평균을 이용하여 각각의 아이템에 대한 선호도와 원가의 높고 낮음을 산출하는 방법이다. 그러나 식재료비 이외의 비용까지 포함된 순이익을 고려하지 않은 한계점이 있다.

(5) SWOT 분석

카이저J. F. Keiser는 SWOT 분석방법을 권장하였는데, 이 분석방법은 기업의 환경을 분석하여 강점Strength, 약점Weakness, 기회Opportunity, 위협Threat을 요인으로 규정하고 이를 통해 마케팅전략을 수립하는 방식이다. 강점과 약점은 기업의 내부 환경을 분석하는 것으로 경쟁기업과 비교하여 소비자로부터 인식되는 강점과 약점은 무엇인지 찾아내는 것이며, 기회와 위협은 외부환경을 분석하는 것으로 외부환경에서 유리하거나 불리한 요인이 무엇인지를 찾아내는 것이다. 즉 이러한 결과를 토대로 강점은 살리고 약점은 줄이며, 기회는 활용하고 위협을 억제하는 마케팅전략을 세우는 것이다.

(6) ABC 분석

대부분의 식당들이 가장 많이 사용하는 간단한 분석방법으로, 메뉴아이템의 20%가 전체매출의 80%를 차지한다는 20 : 80법칙을 적용한 분석기법이다. 고객이 선호하는 메뉴의 대부분은 극히 일부분의 메뉴에 의해 구성되는 것을 알아볼 수 있는 분석기법이다. 이 분석방법은 메뉴부분만을 대상으로 고객이 좋아하는 메뉴가 무엇인가를 찾아내어 보다 많이 판매하고 오랫동안 인기를 유지하여 판매증가를 가져올 수 있도록 하는 방법이다.

이 방식은 고객의 메뉴선호도를 파할 수 있기 때문에 잘 팔리는 상품으로 집중해 판매한다면 제공시간도 단축시킬 수 있으며, 미리 신상품을 런칭하기가 쉽다. 하지만 레스토랑 내부의 생산과정에서 생겨나는 인건비 등이 무시된 방식으로 정확한 분석결과를 얻기 힘든 한계점을 가지고 있다.

- 어느 일정기간(보통 1개월 단위)동안 판매된 메뉴의 수와 매출액을 합한다.
- 매출액이 많은 메뉴 순으로 모든 메뉴를 기재한다.(판매되지 않은 메뉴도 기재)

- 메뉴의 매출전체 총합계를 낸다.
- 각각 메뉴의 매출액을 총합계로 나누어 전체에서 차지하는 비율(%)을 낸다.
- 비율(%)의 누계를 낸다.
- 메뉴순서별 누계치의 75~80% A부분, 85~90% B부분, 나머지 100% 부분을 C부분으로 한다.

2) 메뉴평가

메뉴평가는 성공적인 메뉴를 확인하는 방법으로, 수익창출과 고객욕구 충족의 도구로 평가 되어야 한다. 메뉴의 평가는 외식사업의 궁극적인 목표인 영업활성화를 통한 매출의 증대 및 수익창출, 고객만족을 달성하기 위한 하나의 과정이다. 따라서 고객의 선호도와 내부관리 능력을 평가를 통해 매출을 증진시켜 순이익을 증대시킬 수 있는 메뉴의 역량을 평가하는 것이라고 할 수 있다.

(1) 메뉴상품의 평가

고객의 메뉴선호도에 따른 구매에 따라 외식산업의 성패가 달려있기 때문에, 고객의 기호성을 고려하여 관능적 평가 품목을 설정해야 한다. 평가품목에는 식품의 종류, 조리방법, 영양적 가치, 소리모양, 맛, 색, 냄새 등이 설정되어야 하며, 관능평가는 주관적이기 때문에 잘 훈련된 패널에게 평가받아야 한다. 실험계획 또한 과학적인 방법으로 되어있어야 하며, 결과의 통계처리 방법까지 확립되어 있어야 한다. 업체 내부패널의 평가도 중요하지만, 소비자의 형가에 많은 비중을 두어야 한다. 메뉴평가 요인은 실용적과 사회적 측면으로 나눠 분석할 수 있다.

표 6.5 메뉴상품의 평가요인

구 분	평가요인	내 용
실용적 측면의 메뉴상품	우질성	음식의 질, 음식의 맛, 음식의 양, 식재료의 신선도, 가공식품의 사용정도, 조리방법, 조리기술(숙련도), 조리기기의 다양성, 식재료의 적절한 양, 메뉴북 설명과의 일치성, 식재료의 조화, 주요리와 부요리의 조화
	내구성	선호도 있는 메뉴의 종류와 수
	쾌적성	음식의 신속성, 음식코디, 음식의 색상, 접시의 청결, 음식의 조화, 음식의 외관, 음식의 온도, 향, 농도, 텍스처, 건강기여도, 풍미
	보존성	음식질의 일관성, 용기의 적절성, 식재료 구입가능성, 적절한 저장창고
사회적 측면의 메뉴상품	운반성	메뉴의 신속성, 배달 가능성, 메뉴의 포장 가능성
	적가성	메뉴가격, 질과 가격과의 조화, 가격 경쟁력
	대체성	메뉴의 수, 메뉴의 다양성, 메뉴의 종류, 후식의 종류, 메뉴교체주기, 소스의 종류, 사이드음식의 종류
	독점성	어린이 메뉴의 유 · 무, 후식제공 유 · 무, 한정판매 메뉴의 유 · 무
	공지성	유명메뉴의 종류, 메뉴해설, 메뉴북의 기능, 메뉴북의 디자인
	희소성	메뉴조합도, 특별메뉴 종류, 계절메뉴 유 · 무, 신소재 식재료의 사용정도, 판매가의 다양성, 오늘의 메뉴 유 · 무, 메뉴의 독창성
	무공해성	건강메뉴의 유 · 무, 다이어트 메뉴의 유 · 무, 음식의 영양성, 위생, 청결

자료 : 김기영 · 함형만 · 김이수, 메뉴관리론, 현학사, 2015

(2) 고객의 평가

고객의 기호와 욕구는 내 · 외적인 요인에 의해 변화되기 때문에 고객의 평가는 항상 관리해야만 하는 메뉴상품의 품질이라고 할 수 있다. 고객의 기호 및 욕구는 계속해서 변화하기 때문에 이러한 변화에 시기적절하게 대응할 수 있을 때 성공적으로 외식업체를 운영할 수 있다.

모든 상품에는 주기가 있는데, 이 주기에 따라 적절한 조치가 이루어져야 한다. 이러한 평가는 보통 새로운 메뉴가 도입될 때 많이 이루어지는데, 이때뿐만 아니라 이미 제공되고 있는 메뉴에 대해서도 고객이 어떻게 생각하고 있는지에 대해 평가하고 분석해야 한다. 수익성이 없거나 매출실적이 없는 아이템, 다른 아이템에 비해 점유율이 낮은 아이템을 찾기 위해서는 메뉴의 분석 및 평가가 반드시 이루어져야 한다.

예전에는 음식의 맛만 좋으면 환경이 다소 열악하거나 접객종사원의 서비스가 좋지 않더라도 고객이 다시 찾아온다고 생각하였으나, 요즘에는 음식의 맛 이외에도 점포의 분위기, 접객종사원의 서비스, 청결 등이 함께 어우러져야 한다. 이러한 메뉴의 성공요소에는 상품력(맛, 볼륨감, 영양의 균형, 상차림의 조화, 간판상품의 유・무), 점포분위기(청결성, 특이성, 편안함, 테마성, 고객의 수준 등), 접객서비스(종사원의 생동감, 고객에 대한 주의력과 배려, 건강미, 트레이닝시스템 등), 염가성(제품 내용에 대비한 높은 가치감이 있을 것) 등이 있다.

CHAPTER 07 마케팅

1. 마케팅의 이해

1) 마케팅의 정의

외식산업이 점차 발전하게 되면서 소비자들은 다양한 사회생활을 영위하게 되고, 라이프스타일이 변화하게 되면서 가정 내에서의 식사보다는 더 많은 시간을 외식으로 즐기게 되었다. 그리고 각각의 레스토랑에는 소비자의 요구를 만족시키는 많은 메뉴들이 준비되어 있다. 이와 같은 상황에서 고객들은 어떤 레스토랑을 선택해야 하는지, 그리고 어떤 메뉴를 선택해야 하는지 끊임없이 고민하게 되었다. 고객의 외식욕구와 목적이 다양해지고 고객마다 레스토랑을 선택하는 기준도 달라지고 있으며, 음식의 맛보다는 청결 또는 분위기, 빠른 서비스 때문에 레스토랑을 선택하기도 하고, 또 빠른 서비스를 우선으로 선택하기도 한다.

마케팅이란, "어떠한 시장에 대해 일정한 계획을 기준으로 수익성을 추구하려는 과정의 총체적이고 전반적인 경영활동"이라고 말할 수 있다. 다양한 선택의 기로에서 소비자는 개인의 욕구를 만족시키는 결정을 내리게 되고, 레스토랑은 고객의 이용목적에 맞는 특징을 강조하고 부가가치를 더하는 활동을 하는데, 이러한 노력이 마케팅활동이다.

기업들의 과다한 생산으로 인하여 공급이 수요를 초과하게 되면서 생산한 제품이나 서비스가 판매되지 않고 재고로 남는 상황에 직면하게 되었다. 따라서 생산자 중심의 사고에서 소비자 중심의 사고로 상황이 전환되면서 고객만족을 이루지 않고서는 이익을 도모하기가 어려워졌다.

마케팅이란 개념을 이해하기 위해서는 '교환Exchange'이라는 단어를 이해할 필요가 있다. 마케팅은 교환이 이루어지는 모든 대상이 마케팅의 대상이 되며, 이에는 무형적 교환이든 유형적 교환이든 차이가 없다.

노스웨스트North West 대학의 필립 코틀러Philip Kotler 교수는 마케팅을 "개인과 집단이 필요로 하고 원하는 상품서비스를 수요자 또는 소비자에게 유통시키는 과정에 관련된 사회적이고 관리적인 과정", "교환을 쉽게 하고 완전하게 하도록 조작된 인간 활동의 모임"으로 정의하고 있다. 미국 마케팅협회AMA : American Marketing Association는 "상품서비스를 공급자로부터 수요자 또는 소비자에게 유통시키기 위한 모든 경영활동이며, 고객과의 관계를 위한 조직 내 기능 및 일련의 과정"이라고 정의하면서 고객과의 관계를 강조하였다. 국제마케팅협회NAMT : National Association of Marketing Teachers는 "생산자로부터 소비자 또는 사용자에게 상품 및 재화, 용역, 서비스가 유통되도록 하는 기업 활동"이라고 정의하였다. 한국마케팅학회KMA : Korean Marketing Association에서는 "개인과 조직이 자신의 목적을 달성하기 위해 교환을 창출하며, 이를 유지할 수 있도록 시장을 관리하는 조직 활동"이라고 정의하였다.

즉 마케팅 관리는 개인과 조직의 목적을 충족시키는 교환을 위해 아이디어나 제품, 서비스의 창안, 가격설정, 촉진 및 유통을 계획하고 실행하는 과정을 관리하는 것이며, 고객만족을 통한 이익획득을 목표로 하여 기업 간 경쟁을 통해 마케팅 활동을 전개하는 것이다. 따라서 기업마케팅 관리를 중심으로 제품이나 서비스를 생산 · 공급하는 기업에서 수행하는 마케팅활동을 효율화하기 위해 어떻게 관리할 것인가 하는 입장에서 정의된다.

전통적인 마케팅개념에서의 마케팅은 새로운 고객을 통한 판매에 집중하였지만, 오늘날에는 신규고객을 확보하려는 전략을 넘어 현재의 고객을 유지하고 지속적인 관계를 맺기 위한 노력에 집중하고 있다. 경영활동으로서 마케팅에 대한 개념적 이해와 더불어 마케팅의 제반노력을 수행하기 위한 부서 간의 업무수행 방법 등에 관한 연구와 고객에게 영향을 주는 마케팅 요인, 고객의 특별한 요구를 충족시킬 수 있는 상품 및 서비스의 개발 · 제공 · 확대에 의한 요인과 가격, 정책적 요인에 대한 분석을 통한 계획 수립, 업무 수행을 통한 마케팅 활성화를 이루어나가야 한다.

2) 마케팅의 발전

(1) 생산지향적 개념Production Concept

기업이 시장을 확대할 때 많이 사용하는 마케팅관리 개념이며, 생산과 유통의 효율성을 높이고 원가절감에 주력하는 개념이다. 좋은 기술을 바탕으로 효율적인 생산량 증대 및 경제불황의 경우 대량의 제품을 낮은 가격으로 제공하는 형태이다.

(2) 상품지향적 개념Product Concept

편의시설이나 서비스마인드가 차지하는 비중보다는 오랜 기술과 전통을 바탕으로 전수되어오는 음식 고유의 맛에 주력하여 고정고객을 확보하고 그 맛을 유지하는 마케팅활동이다. 이는 소비자의 욕구와는 상관없이 품질 좋은 제품을 만들고 지속적으로 개선함을 주된 목적으로 한다.

(3) 판매지향적 개념Selling Concept

단기적인 판매를 달성하기 위해 고객 확보에만 집중하는 마케팅활동이기 때문에 누가, 왜 방문하는가에 대해서는 관심을 두지 않는 개념이다. 기존제품에 초점을 맞추고 수익성 있는 판매를 실현하기 위해 강력한 판매와 촉진활동을 말한다.

(4) 마케팅지향적 개념Marketing Concept

기업은 소비자의 욕구Need와 필요Want)에 예민하고 신속하게 반응하여 '생산된 물건을 어떻게 팔 것인가'라는 질문대신 '시장이 무엇을 원하고 있는가'라는 질문에 관심을 가지고 고객의 욕구에 집중하여 고객가치와 고객만족으로 조성된 장기적인 관계를 통해 이익을 획득하는 것이다. 즉 소비자가 원하는 것을 생산하고 그 결과로 소비자에게 만족을 주며 기업은 이익을 획득하는 마케팅 활동이다.

(5) 사회지향적 개념Societal Marketing Concept

1970년대 후반에 들어와 마케팅의 고도화와 동시에 공해문제, 환경오염, 자연보호운동, 소비자주의Consumerism의 고조, 자원의 부족, 인플레이션, 시장의 독점화, 기업비판, 고용창출, 소비자행동의 변화 등 마케팅 환경이 급격하게 변화하고 있으며 기업의 사회적 책임이 강조되고 있다. 사회지향적 개념은 이처럼 소비자의 욕구충족은 물론 사회전체의 이익을 동시에 고려하는 의사결정을 하도록 요구하는 개념이며, 오늘날 많은 소비자들에게 폭넓은 지지와 호응을 얻고 있다. 소비자의 이러한 태도 변화로 인하여 기업은 환경적으로 책임 있는 제품을 개발하여 시장에 판매하는 그린마케팅Green Marketing에 노력을 기울이게 되었다. 외식산업도 일회용품의 사용금지와 음식물쓰레기 감량 등 환경오염의 사회적 책임의식을 인지하고 있다.

2. 마케팅의 계획

마케팅 계획은 목표고객과 레스토랑에 대한 고객의 욕구를 정립하고 만족시키기 위한 방법의 창출을 목표로 한다. 코프만Dewitt Coffman은 "현재고객이나 잠재고객인 고객시장에 초점을 맞추어 특정한 회사가 제공하려는 시장의 분석을 통하여 고객의 요구·바램·욕구 등에 충족되어질 수 있는 상품을 개발해야 한다. 그러기 위해서는 첫째로 마케팅 계획을 개발해야 한다."고 강조하였다.

고객을 만족시키기 위한 마케팅을 크게 서비스요소Service Mix, 판매촉진요소Promotional Mix, 고객요소Guest Prespect Mix 세 가지 요소로 구분할 수 있다.

이러한 요인의 작용으로 마케팅 판매촉진을 가능하게 할 수 있으며, 활발한 마케팅이란 '경영활동의 극대화를 위한 마케팅의 기능적인 활동과 조직의 활성화'를 의미한다. 이와 같이 마케팅은 사업의 성공기회를 증진시킬 뿐만 아니라 경영진의 이익추구와 사업목표를 확보하는데 도움을 준다. 이처럼 마케팅에 초점을 맞추고 표적시장을 향할 수 있도록 지표가 되는데 도움을 주는 마케팅 계획Marketing Planning을 마케팅의 핵심이라고 할 수 있다.

기능적인 면에서 마케팅은 경영활동의 전반적이고 중요한 활동이라고 할 수 있으며, 스타인Bob Stein은 마케팅의 기능을 다음과 같이 구분하고 있다.

1) 마케팅의 기능

- 장기목적과 단기목표의 수립
- 고객시장에 있어서 상품·경쟁대상 업체·지위 등에 관한 분석
- 고객의 기호도·습관 등의 조사
- 마케팅 예산의 수립
- 새로운 시장의 발견
- 비수기의 특별한 판매촉진법의 개발
- 현재의 시장에 대하여 개별 또는 단체고객을 위한 식음료업무 촉진상황
- 증가하고 있거나 새로운 점포 내부의 수입원 발견
- 고객 1인당 평균지출액의 증가
- 지속적이고 정확한 판매예상
- 판매촉진 업무에 있어서 기술과 방법의 통합적 사용 : 활자광고, 직접편지,

판매촉진, 직접판매, 퍼블리시티Publicity, 지역사회 연관성, 고객 연관성, 종사원 연관성

2) 마케팅계획 시 고려할 사항

- 상품분석Product Analysis
- 시장분석Market Analysis
- 경쟁대상 분석Competitor Analysis
- 조직Staff Organization
- 판매계획Sales Program
- 수리계획Maintenance Plan
- 추가원가 입안Project Cost Estimate
- 운영계획Operating Projection
- 재정계획Finance Plan
- 부서별 예산Departmental Budgets
- 정책보고Statement of Policy
- 타당성조사 보고Feasibility Statement

마케팅계획을 통한 마케팅의 활성화는 경영의 극대화를 이룩할 수 있다. 마케팅의 목적을 달성하기 위해서는 마케팅 계획의 필요성이 요구되며, 마케팅 계획은 상품 · 고객 · 판매촉진의 세 가지 요인에 대한 반복적이고 미래지향적인 성격으로 계획되어져야 한다. 아울러 계획된 업무수행에 의한 평가 · 분석을 통해 경영의 목적인 수익성 추구에 부합되는 마케팅 활성화를 이룩해 나가야 한다.

3. 시장의 STP전략

1) 시장세분화란?

시장세분화Market Segmentation는 각기 다른 이질적인 전체시장을 동질적인 몇 개의 작은 시장으로 나누는 것을 말한다. 즉 소득이나 연령 등 일정기준에 따라 크게 몇 개의 시장으로 세분화하여 각각의 시장에 차별화된 마케팅전략을 실행하는 것이다. 여러 시장 가운데 마케팅전략을 추진하는데 필요한 표적을 선정하며, 선정된 표적은 그들의 욕구에 적합한 동질적인 집단을 구성하게 된다. 시장세분화는 표적마케팅의 첫 단계이며 모든 마케팅전략의 출발점이 된다고 할 수 있다.

세분화는 STPSegmentation, Targeting, Positioning전략의 출발점으로 전체시장을 보다 작은 세분시장으로 나누다보면 그 가운데 충족되지 못한 새로운 매력적인 시장을 발견하게 되고, 발견된 새로운 시장은 자사가 원하는 필요와 욕구를 충족시켜 줄 수 있다.

2) 시장세분화의 조건

시장세분화는 마케팅의 효율성을 높이는데 활용되며 복잡하고 광범위한 시장을 동일한 시장으로 세분화함으로써 제한된 자원과 능력을 집중하여 효과적으로 목표를 달성하는데 그 목적이 있다. 그러나 세분화가 가능하다고해서 무조건 세분화해서는 안 되며, 기업이 가지는 최적의 자원을 배분하여 마케팅믹스 전략을 효과적으로 수행해야 한다.

(1) 측정 가능성Measurability

측정가능성이란 기업이 목표로 하는 대상을 찾기 위해 전체시장을 각각의 작은 세분시장으로 나누는 것이다. 규모의 크기, 위치, 잠재력, 구매력, 편익 등을 정확하게 측정하여 비교할 수 있어야 한다.

(2) 접근 가능성Accessibility

신규고객 확보와 고정고객을 유지하기 위한 노력으로 매출을 증대시키고 있으며, 정보제공은 대상고객의 접근을 용이하게 하는 것이다. 시장은 경영에 필요한 규정과 규칙을 준수해야 하며 고객이 쉽게 접근할 수 있는 시장이 되어야 한다.

(3) 규모의 실제성Substantiality

개별시장에 적용할 수 있는 크기와 규모, 성장성은 실질적인 영업과 판매를 통해 수익을 창출할 수 있는 근거가 된다. 시장의 규모와 크기를 고려한 잠재력과 활성화는 실제 존재에서 예측할 수 있다.

(4) 행동 가능성Actionability

자사의 장점을 효과적으로 활용하기 위해 마케팅전략을 수립하는 것이 행동 가능성이다. 기업은 충분한 자본력과 인적 · 물적 자원에 대한 정보와 기술을 가지고 시행할 수 있어야 한다.

3) 시장세분화의 기준

시장을 세분화하기 위해 전체시장을 작은 시장으로 나누기 위해서 사용되는 개인 및 조직, 집단의 특성, 즉 국가의 지역이나 위치, 언어, 인종 등 지리적 특성과 연령, 성별, 소득, 교육, 제품의 사용률, 생활주기 등을 기준으로 분류할 수 있다. 동일시장이라 할지라도 세분화의 기준은 달라서 여러 시장이 존재하게 되며, 기업마다 적절한 세분화 변수의 선택은 다를 수밖에 없으므로 시장구조를 가장 잘 나타내는 세분화 변수를 선택해야 한다.

특히 상품구성이 복합적인 속성들로 이루어진 외식산업 분야에서는 단일 변수로의 세분화보다는 세분화된 여러 변수를 결합하고 조합하는 것이 효과적이라 할 수 있다. 시장세분화의 변수들은 지리적 변수, 인구통계적 변수, 심리적 변수, 행동적 변수 등으로 분류한다.

(1) 지리적 변수

지리적 변수Geographical Segmentation는 지역, 인종, 기후, 자연환경, 자원, 인구밀도, 도시, 지방, 도시규모 등의 여러 가지 지리적 단위로 시장을 구분하는 것을 말한다. 특히 외식산업에서는 지역문화와 환경의 특수성에 따라 욕구가 다를 수 있기 때문에 그에 맞는 상품을 개발하는 경우가 많다. 외식산업은 대도시의 광역권과 다운타운, 역세권, 환승권과 중·소도시의 역세권, 시장권, 농촌 및 교외시장 등으로 세분화되고 있다. 지리적 변수는 특정 상품을 구매하는 소비자의 행동에 영향을 미치며, 지역 권역에 따라서 소비자의 구매성향은 다르다.

(2) 인구통계적 변수

인구통계적 변수Demographic Segmentation는 연령, 성별, 가족생활주기Family Life Cycle, 소득, 사회계층, 가족수, 주거형태, 출생률, 사망률, 교육정도, 종교, 인종, 국적 등 보편적인 소비자의 특성을 나타내는 인구통계적 변수들을 기준으로 집단을 나누는 것을 말한다. 인구통계적 변수는 고객의 욕구·구매행동 등과 밀접한 관련이 있으며, 기업이 시장을 세분화하는데 가장 쉽게 사용하는 방법이고 비교적 측정하기 쉽기 때문에 외식산업에서 가장 보편적인 세분화변수로 사용된다.

(3) 심리적 변수

심리적 변수Psychological Segmentation는 사회계층·라이프스타일·태도·개성 등의 변수를 기준으로 이질적인 전체시장을 동질적인 작은 집단으로 세분화하는 것을 의미한다. 심리적 변수는 사람들의 활동Activity, 관심Interest, 의견Opinion을 기준으로 몇 개의 집단으로 구분할 수 있다. 사회는 개인의 가치관이나 관심, 행동 양식에 따라 다양한 계층이 존재하며, 인구통계적 특성이 동일하더라도 각 개인의 심리적 특성에 따라 소비성향은 다를 수 있다. 제품·포장·광고·홍보에 의한 반응으로 나타나는 소비자의 심리적 특성을 묘사하는 것을 조사하며 제품 특성의 인지만큼이나 라이프스타일·태도·관심 등에 대해 광범위하게 알 수 있고, 라이프스타일은 세분화 기준으로 유용한 자료로 활용된다. 한 개인의 생활양식은 규범을 가능하게 하는 생활주기별 AIOAction, Interest, Opinion 기법으로 분석되며, 이러한 분석은 소비자가 어떤 업무에 종사하면 자연스럽게 그 일에 관심을 가지며 주변세계와 다른 견해를 가지는 분석방법이라고 할 수 있다.

(4) 행동적 변수

행동적 변수Behavioral Segmentation는 소비자의 구매Purchase, 사용상황Usage Occasio, 태도Attitude, 사용률Usage Rate, 충성도Loyalty, 추구편익Benefit Sought 등에 기초하여 이익을 고려하는 소비자의 구매행동과 이를 사용하는 상품과의 관계에 초점을 둔 분석방법이다. 외식기업의 고객은 메뉴를 구매함으로써 얻게 되는 편익적 혜택은 개인별로 다를 수 있다. 행동적 변수는 외식산업 시장에서 소비자가 실제행동과 관련되어 수집되는 데이터로서 가장 좋은 변수로 사용된다.

(5) 편익적 변수

편익적 변수Beneficial Segmentation는 소비자가 추구하는 편익을 근거로 시장을 세분화하는 것이며 고객이 상품을 구매함으로써 얻을 수 있는 편익적 혜택은 이익을 창출하는 것이다. 레스토랑에서 고객이 추구하는 편익에는 가격, 질과 가치, 서비스속도 등이 있다. 같은 레스토랑을 이용한다고 해도 추구하는 편익은 모두 다르며, 동일한 편익을 추구하는 고객이라도 편익에 대한 중요도의 차이는 있기 마련이다. 특히, 호텔 및 외식기업에서 요구하는 편익은 입지에 따른 편리성, 위생, 청결, 안전성, 가격, 이용목적에 맞는 분위기, 음식의 질과 서비스 등을 의미한다.

4. 표적시장의 선정

기업은 시장세분화를 통해 시장을 평가한 다음 자신의 강점을 최대한 활용할 수 있는 세분시장을 결정한다. 소비자들은 다양한 특성을 가지고 있으며, 광범위하게 분포되어 있기 때문에 자사에 맞는 고객을 선정하려 노력한다. 기업의 마케터들은 이들 모두에게 맞는 전략을 추진하는데 한계가 있다. 그러므로 자사의 고객을 선정하여 효과적으로 전략을 추진할 필요성과 표적고객을 찾으려는 노력을 해야 한다. 몇 개의 세분시장을 공략할 것인지 또는 어떤 세분시장을 공략할 것인지를 결정하는 것이 표적시장Target Market의 선정이다. 표적시장의 선정은 시장의 매력도, 시장의 동질성 정도, 제품의 수명주기단계, 경쟁전략, 자사의 강점과 약점 등을 이용하여 종합적으로 판단한다.

(1) 무차별적 마케팅

무차별적 마케팅Undifferentiated Marketing은 각 세분시장의 차이를 무시하고 하나의 제품을 전체소비자를 대상으로 표준화된 미케팅믹스를 개발하여 소비자들에 대한 공통된 욕구를 찾아 공략하는 전략이다. 시장조사를 통해 계획하며 일정한 대상자들에게 광고와 홍보의 촉진전략을 전개할 수 있다. 수요의 강도, 구매패턴에서 전체시장의 동일성이 강한 경우에 해당하는 전략으로, 외식기업의 마케팅 활동이 어떤 특정한 집단을 겨냥한 것이 아니라 전체적인 시장을 아우르는 마케팅전략을 수행할 경우에 적합하다.

무차별적 마케팅은 가장 광범위한 소비자에게 요구할 수 있는 전략을 사용하므로, 시장세분화가 필요 없어서 전략 수행에 편리하지만, 경쟁사의 진입에 뚜렷한 진입장벽을 설정하기가 힘든 특징이 있다. 방송 및 미디어매체를 통해 전국적으로 시행하기 때문에 비용절감의 효과를 기대할 수 있고, 한 가지 제품만을 생산하기 때문에 표준화 · 대량화함으로써 경제적이다. 이 전략의 장점은 대량생산에 따른 규모의 경제성을 실현함으로서 판매비용을 절감할 수 있는 장점이 있으나 소비자욕구가 점차 다양해지고 있기 때문에 그 효과는 제한적이며, 전체시장을 대상으로 전략을 수립하기 때문에 개인적인 필요는 무관심해질 수 있는 한계점이 있다.

(2) 차별적 마케팅

차별적 마케팅Differentiated Marketing은 여러 개의 세분시장을 선정하고 각각의 세분시장에 적합한 상품과 가격, 유통, 촉진의 마케팅믹스를 실행하는 전략이다. 세분시장들이 수익성면에서 비슷한 매력을 가지지만, 세부적인 외식마케팅 변수(가격, 메뉴, 촉진, 물질적 흐름 등)에서 뚜렷한 차이를 보이는 복수의 시장을 선정하여 새로운 시장별로 차별적인 외식마케팅 전략을 수행하는 것이다. 차별적 마케팅은 다양한 소비자욕구에 맞춘 상품제공으로 많은 고객을 확보할 수 있으며, 표적시장의 소비욕구를 세부적으로 파악하여 운영하기 때문에 그 시장도 다르다고 할 수 있다. 그러나 시장세분화의 작업에 따른 비용과 다양한 상품을 개발하고 몇 개의 마케팅믹스를 사용하기 때문에 제조생산비, 관리비, 광고비 등의 비용이 많이 든다. 높은 판매량, 소수익, 지배적 시장점유율의 유지가 가능하나, 복수의 시장에 동시에 마케팅을 수행함으로써 고비용을 초래할 수 있는 경우에 채택되는 전략이다. 따라서 마케팅믹스 전략을 전개하여 보다 많은 수익을 창출할 수 있는 차별화를 필요로 한다.

(3) 집중적 마케팅

집중적 마케팅Concentration Marketing은 하나의 세분시장을 선정하여 집중적으로 공략하는 마케팅전략으로 기업의 자원이 제한되었을 때 소수의 세분시장에서 점유율을 높이고자 특정부분을 특화하여 경영자원을 집중 투입해서 독자적인 지위를 구축할 때 시도하는 전략이다. 집중적 마케팅은 특정시장에 속한 소비자의 욕구를 잘 알기 때문에 강력한 위치를 차지할 수 있고, 이를 통해 자원의 집중화가 가능하고 성공 가능성을 높일 수 있다.

소규모 외식기업이 대규모 외식기업에 대응하여 경쟁이 가능하게 한다. 특히 중소기업들은 거대시장의 경쟁자들 속에서 타깃고객을 세분화하여 선택한 후 집중함으로써 높은 점유율을 확보할 수 있다. 전문화할 수 있는 기술과 생산, 유통, 촉진을 통해 강력한 지위를 확보하여 독보적인 입지를 구축할 수 있다.

기업의 표적시장은 하나이다. 그러므로 고객욕구와 시장성격을 면밀히 파악해야 마케팅전략을 집중할 수 있다. 외식기업의 이미지 고착화나 협소화를 초래할 수도 있으며, 표적시장의 욕구가 변하거나 강력한 경쟁자가 진입할 경우 큰 타격을 받을 수 있는 단점이 있다.

5. 마케팅믹스

마케팅믹스Marketing Mix는 표적시장에서 시장의 표적이나 방향이 결정되면 그 시장을 개발하고 기업의 목표달성을 위해 사용하는 통제 가능한 전술적인 마케팅도구이다. 마케팅믹스는 생산 · 판매 · 선전 · 거래 등 여러 부분에 걸쳐 다양한 수단의 배합방식이 있을 수 있다.

4P's라고 하는 제품Product, 가격Price, 유통Place, 촉진Promotion 등의 요소를 어떻게 조합시켜서 마케팅목표를 달성할 것인가 하는 것이 마케팅믹스의 핵심이라고 할 수 있다. 생산 · 판매에 걸친 과정에서 일어나는 모든 업무를 효과적으로

처리하는 것은 넓은 의미의 마케팅이라고 부를 수 있으며, 마케팅을 어떻게 수행해야 효과적인 상품판매를 할 수 있는가를 다루는 것이 마케팅믹스이다.

외식마케팅은 메뉴와 서비스를 바탕으로 개별고객과의 상호작용이 어느 산업에서보다 더 강조되는 마케팅이라고 할 수 있다.

(1) 제품전략Product

음식점은 생산과 소비가 동시에 발생하며 유형과 무형이 조화를 이루어야 한다. 그러므로 메뉴는 유형적인 제품으로 목표시장 고객들의 선호가 정확히 반영되어야 한다. 그 외에 고급화된 인적서비스, 편안하고 안락한 분위기, 편의성 등의 환경은 무형적인 제품에 해당된다. 생산자는 계절이나 시기에 관계없이 고객이 원하는 상품을 공급하기 위해 상품을 다양화함으로써 불황 · 비수기에 관계없이 안정되고 지속적인 수입원을 보장해 줄 수 있는 전략이 필요하고, 시장별 · 시기별로 각각 특색 있게 여러 가지 상품을 창의적으로 개발해야 한다.

(2) 가격전략Price

화폐 또는 교환매체로 외식기업이 판매하려는 상품 혹은 서비스에 대해 고객에게 제시하는 지표이다. 가격은 마케팅믹스의 그 어떤 요소들보다 레스토랑을 선택하는데 있어서 중요한 요인이 되며, 고객을 유치하는데 대단히 중요한 역할을 하고 고객의 구매의사 결정이 가장 민감하게 반응하는 부분이다. 가격은 외식기업의 관점에서 메뉴나 서비스를 생산하기 위해 투입한 자본과 노동력에 대한 원가를 회수하고 메뉴의 편익을 통해 고객의 효용증대에 대한 대가를 얻는 것이다. 고객의 입장에서 가격은 상품이나 서비스를 제공받고 판매자에게 지불하는 대가이므로, 상품가격에 비하여 적절하지 못한 비싼 가격을 받게 되면 고객은 불만족하게 되어 기업은 커다란 손실을 초래하기 때문에 적당한 방법을 모색해야 한다. 또 가격의 결정에 따라 수요가 결정되며, 정보제공의 한 형태로서 가격이 곧 메뉴의 품질지표로 사용된다. 외식마케팅 경쟁전략의 주요 도구가 되기도 하기 때문에, 최적의 가격을 결정하기 위해 기업 내·외의 요인을 고려해야 한다.

(3) 유통전략입지, Place

외식상품을 판매하는 레스토랑 경영에 있어서 전통적으로 가장 중요한 요인은 위치라고 할 수 있다. 유통이란 생산자로부터 소비자에게 상품과 서비스가 이전되는 경로로서 생산자, 중간상, 최종 고객을 포함한다. 입지조건에 관해서는 하나로 결정된 방식은 없으나 일반적으로 가시성Visibility, 접근성Accessibility, 편의성Convenience인 주차장 등이 성공적인 입지요인들이다. 레스토랑은 고객이 이용하기 편리한 곳에 입지해야 하며, 가시성이 좋은 레스토랑은 고객에게 쉽게 발견되고 확인된다. 최근에는 전통적인 레스토랑 입지에 관한 개념이 바뀌면서 학교·공항·쇼핑몰·터미널·철도역 등도 패스트푸드 또는 패밀리레스토랑들의 중요한 입지로 등장하고 있다.

(4) 촉진전략Promotion

촉진이란, 기업이 고객과 판매자를 대상으로 자사의 제품이 경쟁기업의 제품보다 더욱 가치가 있다는 것을 현재고객 및 잠재고객들에게 알리기 위해 설득적 메시지와 정보를 교환하기 위해서 사용하는 커뮤니케이션이다. 이러한 마케팅의 본질은 교환Exchange이며, 교환은 항상 고객에 대한 의사소통을 수반한다. 외식산업에서 촉진전략은 이런 의사소통을 얼마나 효과적이고 효율적으로 할 것인가를 다루는 것이며, 이 의사소통이라는 것은 기업이 가지고 있는 마케팅목표를 고객에게 전달하는 일련의 과정을 의미한다. 상품에 대한 흥미를 자극하는 활동이나 광고 및 서비스의 상호작용을 통해 이를 널리 알리고 고객의 선호도를 창출하는 것이다.

CHAPTER 08 외식산업의 조직구성과 인적자원관리

1. 외식산업 조직의 의미

인적사업으로 불리는 외식사업은 조직관리가 매우 중요하며 조직관리가 제대로 잘 실행되어지는 기업과 그렇지 못한 기업의 차이는 기업의 성장과 퇴화의 명확한 구분점이 되고 있다.

조직이란 지휘하는 사람을 중심으로 일관된 행동을 하는 집단을 말하며, 조직구성원들이 서로 협력할 때 개개인이 따로 행동하는 것보다 더 큰 힘을 만들어낸다. 그 과정을 통해서 조직 전체의 목표를 보다 효율적으로 달성할 수 있으며, 구성원 개개인들도 만족을 느낄 수 있다.

모든 사업체가 성공하기 위한 주요 지원서비스는 음식서비스에 있고, 음식서비스와 관련하여 영업과 관련된 여러 가지 외식산업 구조에 대한 전략들을 이해하기 위해서는 여러 조직의 특징을 자세히 분석하고 검토해야 한다.

1) 관리기준별 특징

외식사업은 규모와 관계없이 식음료와 서비스 제공을 통한 이윤의 극대화라는 공동의 목표를 위해 서로 협력하는 다수의 사람들이 함께 업무를 수행하고 있다. 최고관리자는 서비스와 생산관련 업무의 정책을 수립하고 사업의 성공에 영향을 미칠 수 있는 주요한 의사결정의 책임을 갖는다. 또한 중간관리자들은 기획, 관리, 지시, 통제, 계획능력, 상·하 간의 의사조절, 부서 간의 업무 등을 조정하는 기본적인 관리기능을 갖는다. 그리고 영업관리자와 일반직원들은 주어진 업무기능을 수행한다.

2) 업무조직별 특징

(1) 라인조직과 스태프조직의 구조적 특징

① 기업조직에서 영업과 관련된 책임자는 모기업에 의해서 소유된 레스토랑에 대한 책임이 있어야 한다.

② 식재료의 구매, 분산, 상품의 조사개발R&D과 관련된 책임자는 상품의 구매, 저장, 재료의 분배에 대한 책임과 권한이 있어야 한다.

③ 상품의 조사개발R&D과 관련된 책임자는 새로운 상품의 개발과 디자인이기 때문에, 신상품 개발을 위한 책임과 도전의식이 요구된다.

④ 인사담당 업무를 갖는 책임자는 인력의 수요와 공급을 예측하고 필요한 인적자원을 계획하며 종사원들과 관련된 평가기준을 설정하고 적절하게 적용할 수 있는 능력이 있어야 한다.

⑤ 프랜차이즈 영업의 책임자는 프랜차이지에 의해서 소유된 레스토랑에 대한 책임이 있어야 한다.

(2) 중간관리자의 권한과 책임

① 프랜차이즈의 영업과장은 인사부과장, 교육과장, 출고, 구매, 조사개발, 품질보증부서의 과장이라고 할 수 있으며, 모든 프랜차이즈업체의 영업관련에 지속적인 책임이 있다.

② 음식서비스업체의 생산과 서비스담당 관리자는 구매된 식재료의 저장, 출고에 대한 책임이 있고 조리상품과 상품제조에 책임을 갖는다.

③ 식재료 구매과장은 모든 재료와 상품의 구매에 대한 책임과 권한이 있다.

④ 음식상품을 조사하고 개발하는 담당자는 새로운 상품과 콘셉트 개발에 책임을 갖는다.

⑤ 인사과장은 모든 직원의 고용과 해고, 종사원들의 편익프로그램을 시행하는 책임을 갖는다.

⑥ 교육과장은 외식기업의 다양한 교육프로그램을 기획하고 시행하는 책임을 가지며, 중간관리자와 일반종사자들을 위해서 외식기업 수준에 맞는 다양한 교육프로그램이 필요하다.

⑦ 외식기업의 입지관련 담당부서의 책임자는 입소위치 신정, 프랜차이즈시스템에서 생산되는 상품의 판매 및 구매와 관련된 협정에 책임이 있다.

⑧ 음식서비스담당 관리자는 종사원들 개개인의 서비스 콘셉트와 레스토랑을 위한 디자인 설계를 개발하는 의무와 책임이 있고, 시설담당 관리자들은 업장의 시설설계를 비롯한 장비디자인, 건축과 관련한 업무를 계획할 책임이 있다.

2. 조직의 원칙

외식기업의 업무조직에 대한 구성과 운영방법은 서로 독립적인 업무기능이 복합적인 틀 속에서 조화를 이루며 공동의 목표를 달성해야 하며, 그러한 과정 속에서 조직을 이루는 각각의 구성원 개개인들도 만족을 추구하게 된다. 외식산업에 있어서 업무에 관한 모든 내용은 업체의 조직에 대한 구체적인 내용과 그에 따른 운영방안에 있으며, 조직은 다음과 같은 원칙을 갖는다.

1) 조직목표의 명확화

공동의 목표 달성을 목적으로 존재하는 조직은 추구하고자 하는 목적과 목표를 명확하게 밝혀야 하고 조직을 이루는 구성원들이 공유해야 한다. 조직의 목표를 고객에게도 공개하여 고객과의 밀착도를 높이는 것 등이 바람직하다.

2) 지시계통의 일원화

지시계통의 일원화란 지시와 통제의 통로가 일원화되어야 한다는 원칙이다. 조직의 한 구성원은 한 사람의 상사에게 보고하고 지시를 받음으로 업무의 효율을 높일 수 있다는 원리이다. 그러나 테스크 포스Task Force나 프로젝트팀, 긴급 시나 상사부재 시, 기밀이 요구되는 업무처리 등에는 예외적으로 신축적인 대응이 필요하다.

3) 통제의 한계

한 사람의 지휘자가 관할하고 지휘할 수 있는 인원수에는 한계가 있다는 원칙이다. 인원 규모가 커질수록 조직 내에는 여러 계층이 생겨나게 되며 업무의 성격, 관리자의 능력, 업무표준화의 정도, 분권화의 정도 등에 따라서 조직을 관할하는 지휘자의 지휘 및 통제 범위가 정해진다.

4) 직무의 할당

업무에 관해서 조직은 필요하며 적합한 종사원의 수를 결정하고, 추구하는 목표를 달성하기 위해서 여러 활동을 구성원에게 할당한다. 구성원에게 직무를 할당할 때는 중복이나 누락이 없어야 하고 구체적이고 명료해야 한다. 그리고 개인의 업무량과 균형을 이루도록 할당되어야 하며, 개인이 자발적이고 적극적으로 직무분담에 참여하는 것이 필요하다. 아울러 이러한 동기를 유발하도록 하는 것도 경영자의 주요한 임무라 할 수 있다.

5) 권한의 위임

권한이란 조직 내에서 실행할 수 있는 권리이며, 일정한 명령이나 지시가 부하직원에게 받아들여질 때 비로소 전달된 것으로 볼 수 있다. 조직구성원에게 직무를 할당할 경우, 직무수행 결과에 대한 책임을 지는 조건으로 권한이 뒷받침되어야 한다. 경영자는 권한을 위임할 때 통제방법도 강구해야 하며, 권한을 위임하였으면 자유재량의 폭을 주어 활용하도록 해야 한다. 권한 위임은 구성원의 창의와 의욕을 불러일으켜 보람을 줄 수 있다.

3. 외식업무의 내용

대부분의 음식서비스업은 인적 조직과 물적 조직인 시설로 양분되어 있고, 인적 조직은 상호간에 유기적인 관계로 형성되어 있다. 레스토랑 영업은 전체 음식서비스 관리자팀을 필요로 하고, 흔히 두 개의 직무로 나누어진다. 고객서비스와 관련된 직무를 가리키는 전방직무, 고객서비스 이외의 레스토랑의 모든 직무를 가리키는 후방직무가 그것이다.

1) 영업직 업무내용

(1) 매니저

레스토랑의 매니저Manager는 주방장과 협조하여 업무를 수행하고 영업의 수익성에 책임이 있다. 식음료 원가결정, 가격결정, 메뉴프로그램의 개발, 안전과 위생에 대한 관리의 포지션을 갖는다. 아울러 건물건축과 환경상태뿐만 아니라 조직의 구성과 교육의 책임도 갖는다.

(2) 보조매니저

대부분 업체에서의 보조매니저는 전방직원을 교육시키는 책임을 갖는다. 메인매니저가 맡고 있는 책임을 분담하며, 메인매니저 부재 시 전체영업에 책임을 갖는다.

(3) 영업장 지배인

아울렛매니저Outlet Manager라 불리며 영업장의 운영 및 고객관리, 인사관리, 교육훈련과 부서장 간의 직 · 간접적인 중계역할을 한다.

- 업장관리 : 매출관리, 재고관리, 업장 환경정돈, 원가관리, 특별행사 기획
- 고객관리 : VIP 영접, 고객대장관리, 고객불평처리 및 예방, 예약관리
- 인력관리 : 근태관리, 인사고과, 교육훈련
- 문서관리 : 문서의 기록과 보관

(4) 영업장 부지배인

부지배인Submanager은 영업장 직원들의 작업스케줄Work Schedule과 판매보고서 Sales Report를 작성한다. 영업장 지배인을 보조하며, 지배인의 부재 시 영업장 운영의 전반에 대한 책임을 가지며, 영업시간 중 영업장에서 발생하는 여러 가지 문제에 대한 대부분의 결정과 지시를 내린다.

(5) 다이닝룸 캡틴

캡틴Captain은 영업장의 부지배인을 보좌하는 접객책임자로, 호텔 내의 전반적인 사항을 숙지하여 고객에게 정보를 제공한다.

- 영업의 준비상태와 종사원의 복장 및 용모를 점검한다.
- 테이블세팅 등 영업 준비를 위한 제반사항을 점검한다.
- 음식조리에 관한 업무지식과 와인리스트와 메뉴에 관한 지식을 가지고 있어야 한다.

- 고객을 영접하고 식음료의 주문과 서비스를 담당한다.
- 담당웨이터, 웨이트리스를 지휘하여 서비스에 만전을 기한다.
- 주문전표와 계산서를 관리한다.

(6) 웨이트 직원과 버스퍼슨

- 웨이트 직원은 캡틴을 보좌하고 주문된 식음료를 고객에게 직접 제공한다. 책임구역의 영업 준비와 청소를 담당한다.
- 버스퍼슨은 캡틴과 웨이트 직원을 보좌하며 서비스를 보조하고, 식당에서 필요한 은기물류, 글라스를 보급한다. 음식을 운반하고 테이블세팅과 청소를 담당한다.

(7) 호스트와 호스티스

고객을 영접하고 좌석으로 안내할 책임을 가지고 있으며 웨이트 직원을 돕는다. 캐주얼 패밀리스타일의 업체는 일반적으로 이러한 책무를 위해 호스트나 호스티스를 고용한다.

(8) 헤드 바텐더

헤드 바텐더는 구매, 조직구성, 교육 그리고 음료원가의 예측에 대한 책임이 있다. 바텐더, 칵테일서버, 캐셔의 보고를 받는다.

(9) 와인 스튜어드

소믈리에Sommelier라고 하며, 식전주Aperitif와 와인을 권유하고 제공하며 와인의 진열과 재고를 점검하는 책임이 있다.

(10) 시니어 바텐더

- 바의 접객책임자로서 영업 준비상태와 종사원의 복장 및 용모를 점검한다.
- 음료의 적정재고 파악 및 보급, 관리하는 책임을 갖는다.
- 재고품목조사서Inventory Sheet를 작성하고 보고한다.

(11) 바텐더

- 모든 집기류의 정리정돈 및 청결을 유지한다.
- 시니어 바텐더를 보좌하며, 칵테일을 주조하고 음료 및 부재료를 수령한다.

(12) 실습생

- 웨이터, 웨이스트의 업무를 돕는다.
- 식사가 끝난 접시와 기물을 세척장으로 옮기고 필요한 서비스용품을 보급한다.
- 테이블세팅을 돕고 냅킨을 접는다.
- 고객에게 물, 버터, 빵, 커피, 티 등을 서브하며 테이블, 의자 등을 청소하고 기물을 닦는다.

(13) 리셉셔니스트

리셉셔니스트Receptionist는 깨끗한 용모와 숙련된 화술, 미소 띤 얼굴로 고객을 영접 · 환송하고, 영업장 내의 점검사항을 수시로 확인한다. 고객의 예약을 받으며, 특히 VIP 고객에게는 경험 있는 종사원을 배정한다.

- 환대정신을 살려 응대하고, 레스토랑의 예약업무를 수행한다.
- 각 서비스구역에 배치된 캡틴이나 웨이터를 파악하고 테이블번호를 숙지한다.

- 레스토랑의 예약업무를 수행하고, 레스토랑 입구나 전화로 고객을 찾으면 페이징서비스Paging Service를 담당한다.

2) 생산직 업무내용

주방은 조리기기와 장비를 사용하여 고객에게 제공될 제품을 생산하는 시설을 갖춘 공간으로서 레스토랑의 심장부에 해당된다. 음식의 생산과 식재료의 구매 및 메뉴개발, 원가관리, 인력관리를 비롯하여 주방운영의 전반적인 업무가 이루어지고 있다.

주방은 여러 개의 단위주방으로 조직되어 있고, 각각의 단위주방은 다수의 직무를 분담하는 조리사들로 구성되어 있다. 주방의 조직과 직무는 타부서에 비해서 전문적인 기능을 소유한 사람들로 구성되어 있으며 각 직무를 맡은 직원들의 역할이 중요하다. 주방의 업무는 직무별로 세분화되어 독자적으로 이루어져 있으며, 직무의 분담을 통해서 주방 전체의 직무가 효율적으로 수행되기 위해서는 조직원들 상호간의 연결과 조화가 이루어져야 한다. 각자 맡은 책무 완성과 조직의 공동목표를 효율적으로 달성하기 위해서는 협력하는 노력이 요구되며, 직무분담의 실질적인 의의는 주방조직에서의 업무내용과 각 단위주방의 특징과 업무를 정확하게 파악하는 데에 있다.

(1) 총주방장Executive Chef

주방업무의 총괄적인 관리자로서 조리부의 가장 높은 직책으로 조리부를 대표한다. 호텔 조리부서의 구심점 역할을 담당하는 지위의 권한과 책임을 갖는다. 음식서비스 업체의 유형과 규모에 따라 다양하고, 회사정책에 적극 참여하여 회사의 이익을 극대화하는 것이 주요한 임무이다. 직원의 인사관리, 새로운 메뉴의 개발 및 식자재 구매와 발주 등 전반적인 업무를 총괄 담당한다.

(2) 부총주방장Executive Sous Chef

총주방장을 보좌하며 총주방장의 부재 시에 직무를 대행하며 주방에 대한 책임을 갖는다. 메뉴의 개발 및 정보수집, 직원교육과 같은 주방운영의 실질적인 책임을 가지며 주방인원을 적재적소에 배치한다.

(3) 각 단위업장의 주방장Sous Chef

총주방장이나 부총주방장의 업무를 보좌하며 각 단위주방을 책임지고 이끌어가는 부서장으로 실무조리에 있어서 가장 중요한 권한과 책임을 갖는다. 고객의 기대와 욕구를 예측하는 예리한 감각을 지니며, 부서에 속한 직원을 아끼고 사랑하는 포용력이 요구된다. 시장의 흐름과 고객의 기호변화에 가장 민감하게 대처해야 성공적으로 업무를 수행할 수 있다.

(4) 조리장Chef De Partie

해당부서의 주방장 부재 시 업무를 대행하며 조리사의 작업을 지휘하며 부서의 살림을 실질적으로 맡아서 통괄 지휘한다. 단위주방의 업무계획을 정확히 이해하고 전체적인 주방의 흐름을 파악하여 부서의 직원을 통솔한다.

(5) 부조리장Demi Chef

조리장 부재 시 업무를 대행하며, 조리장과 각 단위 분야Section의 직원의 교량역할을 수행하고 주방장이 작성한 메뉴의 준비과정과 조리업무를 배당하는 임무를 갖는다. 조리업무의 실무적인 전문지식과 조리과정에서의 이론과 실무를 겸비해야 하며, 각 단위 분야의 팀장 임무를 수행한다.

(6) 일급조리사1st Cook

부조리장을 보좌하여 조리업무를 수행하고, 부조리장의 부재 시 그의 업무를 대행한다. 각 분야에서 직접적으로 조리를 담당하는 중추적인 역할을 담당하는 조리사로서 냉장고 정리와 가이 로드Guy Load의 청결상태와 같은 주방 내의 위생에 대한 업무를 수행한다. 실무위주의 조리와 부하 조리사들의 기술지도 및 교육, 주방시설의 관리에 이르기까지 많은 기술적 수준이 요구된다.

(7) 이급조리사2nd Cook

일급조리사를 보좌하여 조리업무를 수행하고, 일급조리사의 부재 시 그의 업무를 대행한다. 주방장의 지시에 따라 식재료의 불출과 반입을 확인하고 식재료 수령에 따른 빈 카드Bin Card를 작성하는 임무를 수행한다.

(8) 삼급조리사3rd Cook

이급조리사를 보좌하여 조리업무를 수행하고, 이급조리사의 부재 시 그의 업무를 대행한다. 상급자의 지시를 받아 식재료를 다듬고 손질하여 준비하며 직접 조리한다.

(9) 견습생Apprentice, 조리사보조Cook Helper

조리사를 보조하는 역할을 담당하는 견습생으로, 주방업무에 관련된 기본사항을 신속히 습득하려는 노력이 요구된다. 조리업무의 직접적인 참여보다는 식재료의 기초적인 취급과 칼의 사용법 및 보관, 방화, 안전 및 위생에 대한 교육을 배우는 위치에 있다고 할 수 있다.

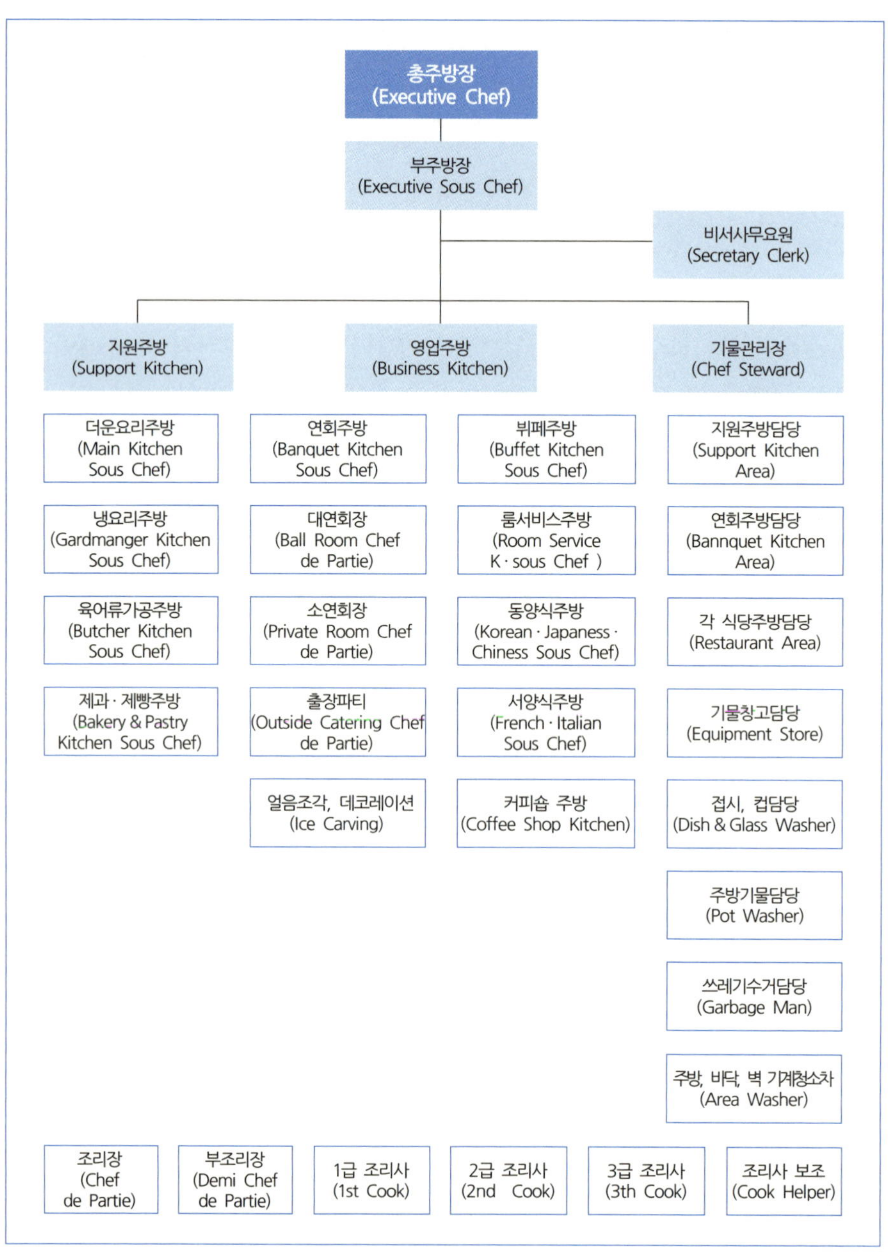

자료 : 채영철 외, 호텔 외식조리실무론, 형설출판사, 2013

그림 8.1 대규모 호텔의 주방조직도

4. 인적자원관리의 의의

외식기업을 경영하기 위해서는 소위 3M이라고 일컬어지는 자본Money, 물자Material, 사람Manpower이 필요하고, 이 중에서 사람을 대상으로 하는 관리가 인적자원관리이다. 외식산업은 다른 산업에 비해 인적의존도가 높고 사람과의 접촉을 통해서 상품의 완성도와 만족도가 결정되며, 사람은 이윤창조 활동에서 가장 중요한 자산이 되기 때문에 외식산업을 인적사업People Business이라고 한다. 그러므로 외식기업의 경쟁우위를 확보하기 위해서는 개인과 조직의 목표를 성취하기 위한 인적자원의 계획과 확보, 활용과 유지, 보상과 개발 등의 핵심 업무가 잘 이루어져야 한다.

이처럼 사람에 대한 인적의존도가 높은 외식산업에서는 우수한 인재를 확보하고 구성원이 잠재적 능력을 최대한 발휘할 수 있는 기회를 제공해야 하며, 조직구성원 자신의 직무에 최대의 만족감을 얻음과 동시에 조직의 일원으로서 만족을 느낄 수 있도록 조력해야 한다.

인적자원관리는 조직의 목표를 보다 효과적으로 달성하기 위해서 생산에 필요한 양질의 인적자원을 최소의 비용으로 조달하여 효율적으로 이용하는 것이라 할 수 있다. 그리고 조직구성원들이 자발적으로 조직의 목적에 달성할 수 있도록 기여하도록 함으로써 조직의 발전과 개인의 발선 및 안정을 이루도록 하는 제도 및 기술체계라 할 수 있다. 따라서 인적자원관리는 인적자원의 사전계획, 효율적 활용유지, 지속적인 교육, 새로운 자원개발 장기적 안목과 전략적 차원이 모색되어야 한다.

1) 인적자원관리의 목표

(1) 인재의 확보

외식산업은 대표적인 노동집약적 산업이라고 할 수 있으며, 조직을 구성하는 구성원들의 능력을 최대한 발전시키고 활용하기위해서는 우수한 인력의 확보가 필수적인 요건이라 할 수 있다. 조직의 목표를 달성하기 위해서는 각각의 직무를 효율적으로 완수하기 위한 인력이 확보되어야 하는데, 이것이 인적자원관리의 최초의 분야이다.

(2) 인재의 관리육성

인적자원관리는 인적자원을 확보하고 개발하며 유지 · 조정하는 등의 일련의 관리 과정으로 구분할 수 있으며, 채용한 인적자원을 대상으로 다양하고 실질적인 교육프로그램을 실시하여 능력 있는 인적자원으로 개발 · 육성하는 것이다.

(3) 근로조건의 정비

인적자원을 관리하는 과정에서 관리자는 임금, 근무시간, 복리후생, 근무환경 등을 정비해야 한다. 임금은 종업원의 헌신을 유인하는 중요한 요인 중의 하나이다. 인재로서 잘 육성된 인적자원이 조직 내에서 잘 정착하여 적극적인 의욕을 가지고 직무에 충실할 수 있도록 좋은 직무환경과 분위기를 마련해야 한다. 근로조건이나 근무환경은 종업원을 오랫동안 근무하게 하는 요인이 되기도 하고, 사기Moral를 높여주는 요인이 되기도 한다.

(4) 개별적인 관리

인간은 각각 개별적이고 개성적인 존재이며 감성과 개성을 지니고 있다. 그러므로 동일한 원리와 척도를 적용하는 것은 한계가 있다고 할 수 있으며, 적용하려는 원리가 객관적이고 합리적이라고 할지라도 종업원에게 적합한 개별적인 대응책이 필요하다.

외식창업과
사업계획서 작성

FOOD
SERVICE
INDUSTRY
MANAGEMENT

CHAPTER 09 외식창업과 경영

1. 창업의 정의 및 동기

1) 창업의 정의

창업의 사전적인 의미는 "이익을 목적으로 새로운 조직이나 기업을 세우고 처음 시작한다."는 뜻을 가지고 있다. 이는 업(業)의 기초를 세우는 것으로, 기업가의 능력을 갖춘 개인이나 단체가 사업 아이디어로 사업의 목표를 세우고, 자본 · 인원 · 설비 · 원자재 등 경영자원을 확보해 제품 및 서비스를 제공하는 조직 또는 기업을 만드는 것을 의미한다. 또한 창업은 재화(제품) 또는 용역(서비스)을 생산하여 판매하는 하나의 시스템을 구축하는 과정이기도 하다.

거시적 의미로, 창업을 정의할 때는 새로운 기업조직을 설립하는 것은 물론 기존의 기업이 이제까지와 전혀 다른 새로운 종류의 제품을 생산하거나 판매하는 일을 시작하는 것까지를 포함한다. 즉 기존의 레스토랑이 이제까지와 다른 새로운 사업을 시작하는 것도 창업이라 할 수 있다.

미시적 의미에서의 창업은, 소비자들의 기호에 알맞은 상품을 생산하기 위해 일정한 공간에 장비 및 기물을 설치하고 시설분위기를 갖춤과 동시에 판매하기 위해 필요한 인원을 배치하여 새로운 기업조직을 설립하는 행위라고 할 수 있다. 그리고 넓은 의미에서의 외식창업은, 기존의 외식메뉴와는 전혀 다른 새로운 종류의 메뉴상품을 개발하여 판매하는 것 등을 포함한다.

창업은 개인의 이익만을 추구하는 하는 것이 아니라 신념과 경영철학을 바탕으로 이루어져야 한다. 외식창업은 인간의 더 나은 경제적 생활을 목적으로 음식과 서비스를 생산 · 판매하는 조직과 시스템을 만드는 일이라고 정의할 수 있다. 생계유지를 위한 소규모의 외식창업이라 할지라도 분명한 사업이념, 기업가정신, 사업윤리 등을 바탕으로 사회적 복지를 고려하는 자세를 견지하는 것이 현대적 의미의 창업인 것이다.

창업의 개념이 더 큰 발전과 성공을 위해 단순히 새로운 사업체를 만든다는 범위를 넘어서서 직업을 자신이 직접 창출한다는 개념으로 확대되고 있다. 요즘 젊은 나이에 모험창업을 시도하는 사례가 늘고 있으며, 주로 소상공인 규모로 창업이 이루어지고 있다. 국가와 지방자치단체에서도 서비스업의 활성화를 통한 고용창출에 많은 관심과 지원을 하고 있으므로 중소기업청, 소상공인진흥원과 같은 기관을 적극적으로 활용하여 국가나 지방자치단체 등에서 지원을 받을 수 있는 외식창업을 고려하는 것도 효과적이다.

따라서 창업이란 운영하고자 하는 사업에 신념과 경영철학을 바탕으로 경험 및 능력을 갖춘 사람이 실현가능한 사업 아이템으로 목표를 세우고 그 목표를 달성하기 위해 인적 · 물적 · 기능적 자원을 결합하여 이윤의 극대화를 통해 장기적으로 발전할 가능성이 있는 사업체를 설립하는 것이라고 할 수 있다.

2) 창업의 동기

창업의 동기는 크게 '경제적 동기'와 '비경제적 동기'로 나눌 수 있다. 경제적 동기는 돈을 벌기 위한 것으로, 즉 이윤을 추구하기 위한 것이다. 운영자가 수행해야 하는 가장 중요한 기능 중의 하나로 조직의 모든 활동에 목적이 되는 일이다.

외식업체의 경제적 동기, 즉 이윤을 창출하기 위한 중요한 목적 4가지는 서비스, 이윤, 사회적 기여, 성장을 들 수 있다. 서비스 목적은 소비자에게 합리적인 가격, 생산자에게는 일정이윤을 보장해 주는 선에서 제품 또는 서비스를 생산함으로써 소비자가 만족할 수 있도록 하는 것을 말한다. 이윤 목적은 위험감

수에 대한 일종의 보상으로 자유경제체제를 유지하는 중요한 요소 중 하나로, 새로운 일자리를 창출하고 새로운 설비를 도입하거나 신제품 개발에 사용함으로써 고객의 욕구를 만족시킬 수 있게 해주고, 이는 다시 이윤을 창출할 수 있게 해준다. 사회적 목적은 고객이나 종업원은 물론이고 공급자, 정부, 지역사회 등 이해관계를 가지는 모든 집단을 배려하는 것을 의미한다. 성장 목적은 중요한 목적이며 경영자들은 성장에 관심을 가져야 한다. 대부분의 창업자들은 자신의 능력 및 성취욕구, 기술적 아이디어의 사업화가 주요창업 동기로 작용하여 창업을 하고 있다. 하지만 통계적으로 살펴보면, 창업 후 5년 이내에 실패할 확률이 50%를 넘는 것으로 나타나고 있다. 이것은 창업에 앞서 부족한 사전조사, 빈약한 정보로 사업계획을 잘못 수립함으로써 무모하게 사업을 개시하였기 때문이다.

비경제적 동기도 세 가지로 나눌 수 있다. 첫째, 개인의 경력을 쌓거나 하고 싶은 일을 해보려는 동기로, 자아실현을 이루려는 욕구에서 창업을 하게 되는 경우를 말한다. 둘째, 자신의 능력을 발휘하여 사업체를 성장시키고 사회적 책임을 다해 사회에 봉사하려는 의도에서 창업이 이루어지는 것으로, 사회적 책임구현에 대한 욕구로 볼 수 있다. 마지막으로, 개인적 생각이나 아이디어를 상업화하려는 것으로 모험적(전략적) 동기로 볼 수 있다.

2. 창업의 요소

성공적인 창업을 하기 위해서는 사전에 반드시 갖추어야 할 요소들을 확인하고, 이를 충분히 준비한 후에 실행하는 것이 중요하다. 따라서 창업을 하기 위해서는 사업아이템과 동업자와 종업원 등 여러 가지 요소가 필요한데, 이러한 외식창업의 기본요소로 인적요소(창업자), 제품요소(창업아이템), 물적요소(경영자원)를 들 수 있으며, 이를 '창업의 3요소'라 한다.

1) 인적요소

인적요소는 외식창업을 하는데 필요한 기본적인 투입요소 중 가장 핵심이 되는 것이다. 인적요소는 창업의 주체인 창업자와 기업조직을 운영할 수 있는 인적자원을 의미한다. 즉 외식창업을 하는 데는 이를 주도적으로 추진하며 모든 재정을 책임지는 창업자를 도와 메뉴를 요리하고 서비스를 제공하는 등의 외식기업의 일상 업무를 담당할 인적자원을 지칭한다.

(1) 창업자

창업자는 사업의 주체이며 능동적인 조직가로서 창업아이디어 확보와 사업성 분석, 사업계획의 수립과 실행 등을 주도하는 책임자이다. 외식기업 설립에 필요한 유·무형의 자원을 동원하고, 이를 적절히 결합하여 기업이라는 시스템을 만들어 기업이 의도하는 대로 기능을 발휘하도록 관리하는 역할을 해야 한다. 창업자의 능력 및 가치관은 기업의 성패와 효율에 지대한 영향을 끼치기 때문에 창업에 있어서 가장 중요한 요소이다.

(2) 창업자의 자질과 능력

외식 창업자에게 요구되는 자질의 경우, 기업의 규모나 성격에 따라 다양하게 나타날 수 있는데, 개인적 자질과 관리적 자질로 구분하여 생각할 수 있다.

개인적인 자질은 개인의 건강상태와 개인적 특성으로 구분할 수 있는데, 창업자의 건강상태는 사업을 추진하는데 가장 중요한 요소이다. 경영에 있어서 크고 중요한 문제에 대해 올바른 판단과 적절한 의사결정을 해야 하는 창업자에게 정신적·육체적 건강은 반드시 필요한 것이다. 개인적 특성으로는 지식수준, 창조성, 모험심, 책임감, 성실성, 자신감, 결단력, 승부욕 등의 항목을 들 수 있다. 미래 경영환경 변화에 대한 통찰력과 판단력을 통해 창조적인 메뉴 및 서비스 활동만으로도 고객을 만족시킬 수도 있기 때문에 창조성은 사업의 성공을 위해 중요한 원천 중 하나라고 할 수 있다. 또한 불확실한 미래와 급변하는 환경변화에 도전적이고 새로운 기회를 능동적으로 대처하면서, 투자와 희생을 감수할 수 있는 모험심과 외식산업에 대한 전문지식 또한 갖추어야 한다. 전문지식이란, 단순히 학력이 높은 것이 아니라 외식산업과 관련된 보편적인 지식을 의미한다. 외식창업자는 경영하는데 있어 혼자 결정하고 처리해야 하기 때문에 이런 어려운 의사결정을 할 수 있는 결단력이 필요하며 책임감과 리더로서 솔선수범하는 성실성이 필요하다. 경쟁이 치열해지고 있는 외식산업에서 이길 수 있는 승부욕과 지구력, 그리고 조직의 리더로서 사람들의 관심을 이끄는 인간적인 매력 또한 필요한 능력이다. 유능한 창업자가 되려는 노력은 창업성공을 위해 반드시 필요하며 그러한 창업자를 양성하기 위한 사회적 · 국가적 노력이 필요하다.

관리자적 자질은 경영이념과 관리능력으로 나눌 수 있다. 경영이념은 창업자가 사업을 성장 · 발전시키는데 필요한 사회적 책임감과 윤리와 도덕에서 벗어나지 않는 기준 하에서 창업이 이루어질 수 있도록 하는 경영윤리로 설명할 수 있다.

2) 제품요소(창업 아이템)

유능한 창업자와 자금이 있다고 하더라도 분명하고 정확한 아이템이 성공의 관건이 된다. 제품요소인 창업 아이템은 외식기업에서 무엇을 생산할 것인가에 대한 계획을 의미한다. 생산품은 구체적인 형태를 가진 메뉴(음식)를 의미하기도 하고, 형태가 없는 무형의 서비스일 수도 있다. 이러한 창업 아이템은 전문적인 기술이나 노하우로부터 창출되거나 시장수요로부터 발생되기도 한다. 아이디어가 아무리 좋다고 하더라도 팔 수 있는 시장이 없다면 아이디어 자체로 끝나게 된다. 따라서 창업 아이디어가 어떻게 결정되는가에서 충분한 시장수요를 창출할 수 있어야 하며, 시장수요는 상품의 효용가치에서 이루어지는 것으로 상품의 효용가치가 가격보다 크다고 인식될 때 자연적으로 생겨난다.

3) 물적요소(경영자원)

외식창업에 있어 인적요소 및 제품요소와 더불어 반드시 필요한 요소가 창업자본을 비롯한 물적요소이다. 물적요소인 경영자원은 외식기업을 설립하는데 필요한 금전적인 자원뿐만 아니라 자본을 이용하여 동원할 수 있는 점포, 설비, 식재료 등을 포함하는 포괄적인 의미의 경영자원을 의미하는 것으로, 성공적인 창업을 위해 중요한 의미를 갖는다. 경영자원 중 창업자금은 창업자 본인이 출자하는 경우와 창업과정에 속한 사람들이 제공하는 경우, 그리고 창업과정과 경영에 직접 참여하지 않는 제 3자로부터 조달하는 경우가 있다. 소비자의 기호나 필요의 공간을 찾아 제아무리 훌륭한 외식기업의 콘셉트를 정립하였다고 하더라도 이를 상품으로 만들 수 있는 적절한 경영자원(자본 등)이 없다면 성공적인 제품으로 만들어지지 않는다.

3. 외식창업의 환경과 전략

1) 외식창업의 환경

지난 50년간 가계식료품비 지출 중 외식비의 비중은 지난 1960년 1.3%에서 2016년 49.38%로 38배나 증가하였다. 이에 따라 외식업체의 수도 크게 늘어 일반음식점 등 식품위생접객업소는 1960년 보다 28배나 많아졌다. 일반음식점 1곳 당 인구수는 2014년 기준으로 77.5명인 것으로 나타났다. 이는 1960년과 비교할 때 1/13 수준으로 감소함으로써 그만큼 경쟁이 치열해졌음을 의미한다. 한편, 대표적 외식메뉴인 자장면 한 그릇의 가격은 1965년 평균 35원이었던 것이, 2017년 평균 5,000원으로 올라 무려 143배가 증가하였다.

소득수준의 향상, 사회 · 문화적 요인의 변화, 여가시간의 증대, 여성의 경제활동 증가 등에 힘입어 외식비가 가계의 식료품비에서 차지하는 비중은 크게 증가하였으며, 국내의 외식시장 규모는 1990년 18조 원에서 2014년 말에는 약 84조 원에 이르고 있다. 외식산업은 이러한 양적 성장과 함께 외식소비의 다양화, 고급화, 건강지향성이 확대되는 질적 성장도 함께 이루어지고 있다.

이와 같은 외식산업의 성장은 오히려 외식업체의 난립을 초래함으로써 자영업의 매출은 계속 하락하는 추세이며, 외식업체를 운영하는데 들어가는 경비, 즉 원재료비, 인건비 및 기타 제경비 등 원가요소의 급격한 상승으로 외식업체의 경영상태가 심각한 상황에 이르고 있다. 2016년 중소기업연구원에서 실시한 자영업 경쟁력 강화방안 조사에 따르면, 자영업자의 창업 동기는 자신만을 사업을 경영하고 싶어서 50%, 다른 선택의 여지가 없어서 26.1%, 취업이 어려워서 9.9% 등으로 나타났으며, 창업 시의 애로사항으로는 사업자금의 조달이 28.9%로 가장 많았으며, 사업정보 경영노하우 습득 21.4%, 판매선 확보 및 홍보 20.7% 등으로 사업체 경영에 필요한 전반적인 사항에 대해 어려움을 느끼고 있는 것으로 나타났다. 2016년 기준 외식기업의 업체당 연평균 매출액은 기관 구내식당업(6억 9,000만 원)을 제외하면, 서양식 음식점업 3억 9,000만 원, 일식 음식점업 3억 2,000만 원, 한식 음식점업 1억 7,000만 원, 치킨전문점 1억 2,000만 원, 분식 · 김밥전문점 8,000만 원 순으로 나타났다.

자영업자의 악화되는 영업환경 또한 최근의 언론에서 많이 다루어졌다. 국민들의 소비성향이 2003년 전국단위 가구통계 작성을 시작한 이후 역대 최저 수준이며, 청년실업률이 사상최고인 12%에 달하고, 편의점 점주 · 식당 주인 등 어쩔 수 없는 창업 증가가 이루어지고 있으며, 이에 따라 실패 사례가 대다수로 나타나는 '이중고'를 겪고 있다. 이렇게 임금근로자들이 비자발적으로 자영업시장에 진입하게 되면서 자영업자의 수는 급격하게 증가하다가, 2006년 6,135천 명에서 2015년 5,563천 명으로 연평균 1.1%씩 감소하는 추세를 보이고 있다. 자영업자들을 연령별로 나누어보았을 때 50대 자영업자가 1,734천 명으로 가장 많은 것으로 나타나고 있는데, 그 비율이 30.8%를 차지하고 있다. 다음으로는 60대 이상이 26.7%로 1,498천 명, 40대가 26.2%로 1,473천명, 30대가 13.4%로 753천 명, 30세 미만이 2.9%로 163천 명 순으로 나타나고 있다.

자영업 중에서도 외식업 창업비중이 가장 두드러짐에 따라 과다경쟁에 따른 수익성악화는 피할 수 없는 현실이 되었으며, 높은 폐업률을 보이고 있다. 국회예산정책처의 자료에 따르면, 1990년부터 2013년까지 평균 우리나라 취업자 중 자영업자의 비중이 26.7%로, 그리스(32.0%), 멕시코(28.6%)에 이어 3번째로 높은 것으로 나타나고 있다. 이는 OECD 평균인 15.9%보다 10.8% 높은 것으로, 선진국인 일본(10.9%)보다는 15.8%, 미국(7.6%)보다 19.1% 높은 것으로 나타나고 있다.

그동안 음식점은 현금수입 업종이고 수익률이 타 산업이나 업종에 비해 월등히 높다고 인식되었다. 무엇보다도 특별한 지식이나 노하우 없이도 성공이 가능하다는 오해로 인하여 누구나 철저한 준비 없이 쉽게 할 수 있는 사업으로 알려져 왔다. 하지만 이제 외식업도 누구나 쉽게 원하는 이익을 얻을 수 있는 사업이 아님을 예비창업자들은 인지해야 한다. 특히 이러한 외식산업의 현실과 문제점을 확인하고 사전에 충분한 조사 및 분석, 준비를 통해 전문적인 지식과 경영능력을 갖추는 것이 필요하다.

2) 외식창업 전략

(1) 기본원칙

대다수의 사람들이 창업 시 가장 큰 비중을 두고 고려하는 부분은 어떤 음식점을 창업해야 수익을 많이 창출할 수 있을지에 대한 것이다. 창업 유형을 결정할 때 예비창업자 성격의 장·단점이 큰 변수가 될 수 있기 때문에, 자신의 성격에 대한 철저한 분석 없이 창업을 시작할 경우 실패할 가능성이 매우 높다. 즉 소극적인 사람이 풀서비스 음식점을 창업하여 운영하거나, 음식에 대한 전문성이 없는 사람이 독립 창업을 하는 것을 예로 들 수 있다.

이렇듯 자신의 적성에 대한 고려 없이 무작정 사업성이 좋은 아이템으로 창업하려는 것보다 다양한 창업 유형 중 자신의 성격과 창업자본 등을 고려하여 어떤 유형의 음식점이 가장 적합한지를 미리 조사하는 것이 필요하며, 구체적으로 다음과 같은 사항을 염두에 두는 것이 좋다.

- 자신의 창업환경(자본금, 경력, 나이, 가족관계 등)을 냉철히 판단하라.
- 진정으로 행복할 수 있고 원하는 사업(나의 적성 및 성격에 잘 맞는 업종인가)을 하라.
- 경험이나 특징을 활용할 수 있는 업종을 창업하라.
- 창업비용을 고려한 숍인숍, 테이크아웃, 부실점포 인수, 경매활동 등을 고려하라.
- 웰빙트렌드를 감안한 아침시장을 공략하라.
- 저투자 · 고수익의 무점포나 인터넷을 활용한 사업을 개척하라.
- 실패의 위험이 적은 업종인지 확인하라.
- 가족의 이해와 지지를 구할 수 있는 업종을 하라.

(2) 연령대에 맞는 아이템 선정

사업이란 반드시 성공만을 추구하는 것이 아니라, 안정적으로 실패의 확률을 줄이려는 노력도 필요하므로 창업자 연령에 맞는 사업아이템 선정이 요구된다. 연령별로 모험창업, 선택창업, 기반창업, 전문창업, 안정창업으로 나누어 볼 수 있다.

'모험창업'의 연령은 20대로, 도전정신을 기반으로 최소의 투자로 최대의 효과를 얻을 수 있는 고수익형 음식점 창업을 고려하는 연령대이다. 다른 연령층보다 실패율이 높으나 성공잠재력이 높으며 실패하더라도 제기의 가능성이 높은 것이 특징이다. '선택창업'에 속하는 연령은 31~35세까지의 연령에 해당되며, 적당한 사회경험을 바탕으로 전문적인 조리교육을 통한 독립 창업을 고려할 수 있는 연령으로 자신의 적성과 기존의 업무 경험과의 상관관계를 고려하여 사업아이템을 찾아야 한다. '기반창업'은 36~40세까지의 연령층으로, 사회생활 및 일정 분야에서 자기가 닦아놓은 기반과 경험을 최대한 활용할 수 있어야 한다. 40대의 창업은 '전문창업'으로, 사회에서 축적한 전문성 활용이 가능한 프랜차이즈 창업을 고려해 볼 수 있다. 50대 이상은 '안전창업'에 속하며, 안정성이 최우선으로 입지중심적인 프랜차이즈 창업을 고려해야 한다.

(3) 창업 유형에 따른 장·단점

다양한 형태의 창업 유형을 중심으로 실제적으로 많이 활용되는 창업에 따른 요소들의 장·단점을 살펴보면 다음과 같다. 예비창업자는 창업 유형에 따른 위험과 기타 장·단점을 충분히 고려하여 자신의 환경에 가장 적합한 창업 형태를 선택하는 지혜를 발휘해야 한다.

표 9.1 창업 유형별 창업요소의 장·단점

구 분	투자비용	경 험	스트레스	실패에 대한 심리적 부담	재무위험	잠재적 수익성
매입	중간	높음	높음	높음	높음	높음
독립 창업	중상	매우 높음	높음	매우 높음	매우 높음	매우 높음
프랜차이즈(소형)	높음	낮음	중간	중간	중간	중간
프랜차이즈(대형)	매우 높음	중간	높음	높음	높음	높음
수탁경영	없음	높음	매우 높음	중간	없음	중간

자료: 김영갑 외 4인, 외식창업론, 2012

(4) 콘셉트 개발

사람들이 단순히 음식을 판매만 하는 것이 음식점이라고 생각하던 시절은 어떤 음식을 팔아야 성공할 수 있을까만을 생각하였다. 이 시기에는 음식의 맛과 양이 음식점을 운영하는데 가장 중요한 요소였기 때문이다. 하지만 이후에는 음식을 판매하는 것뿐만 아니라 서비스도 중요하게 여기기 시작하여, 이제는 치열해진 경쟁 속에서 성공한 음식점이 되기 위해서는 유형적인 음식에 무형적인 서비스, 분위기 등이 포함되었다.

현대는 브랜드시대를 맞이하면서 음식점은 단순히 맛으로만 성공하기는 어려워졌다. 좋은 브랜드, 즉 소비자들이 선호하는 브랜드가 되려면 브랜드를 만드는 재료인 콘셉트를 먼저 정해야 한다. 콘셉트의 사전적인 의미는 "주장이나 의견을 법칙화 하여 어떤 표현의 한 요소로써 나타낸 것"으로 정의할 수 있다. 즉 소비자들의 머릿속에 떠오르게 하는 것으로 '가장 큰 장점을 가진 주장'이라고 할 수 있다. 마케팅적 관점에서의 콘셉트는 "브랜드의 핵심을 소비자에게 전달하는 단순하고 통일된 표현"이라고 정의할 수 있다.

소비자를 유혹하는 것은 상품이 아니라 콘셉트인 것이다. 따라서 콘셉트를 전달하기 위해서는 소비자를 파악하여 소비자의 욕구나 신뢰 또는 행동에 관하여 어떠한 새로운 것이나 발전 가능성이 있는 단서, 힌트를 찾아내야 한다. 이는 소비자의 내면을 읽을 수 있어야만 가능한 것이다. 이러한 콘셉트의 구성요소로는 테마, 메뉴와 메뉴의 수, 고객의 이용목적, 목표시장, 상권과 입지, 분위기, 서비스의 형태, 가격, 브랜드, 판매방법, 규모와 좌석 등이 있다.

음식점을 창업할 경우, 첫 번째 단계는 음식점의 콘셉트를 설정하는 것으로, 음식점의 서비스방식, 메뉴, 분위기 등을 확정하는 고정을 말한다. 콘셉트를 설정하는 순서는 업종(음식의 유형)을 선택하고 목표고객을 설정한 다음 업태(서비스유형)를 결정하고 분위기를 창출하는 순이다. 마지막으로, 콘셉트가 결정되고 나면 충분한 시간을 가지고 앞에서 논의했던 요인들을 고려한 내용을 문서화할 필요가 있다. 음식점의 유형, 분위기 그리고 메뉴가 예비창업자가 원하는 콘셉트를 잘 반영하고 있는지를 살펴봐야 한다. 이는 투자자들에게 효과적으로 투자설명을 하기 위해서라도 반드시 필요하다.

4. 사업계획서 작성과 타당성분석

1) 사업계획서의 정의 및 개념

사업계획서는 창업자가 사업을 시작하기 전에 외식업체를 설립하여 자신의 사업을 지속적으로 성장시키기 위한 구체화된 의지를 체계적으로 정리한 설계서이다. 창업과 관련된 모든 외적인 요소(법규, 경쟁, 사회적 변화, 소비자욕구의 변화, 새로운 기술 등)와 내적인 요소(음식의 조리, 마케팅, 인적 자원 등)를 문서화한 것이다.

사업계획서는 사업의 실현을 위한 행동계획서로, 사업을 시작하기 전에 창업자가 추진할 사업과 관련된 제반사항, 즉 사업내용, 목표고객, 시장특성, 예상수익, 마케팅전략, 조직 및 인력관리, 소요자금 조달 및 운용, 세부일정 계획 등을 체계적으로 정리한 문서이다. 사업계획서는 어떤 목표를 가지고 어떻게 도달할 수 있는지 설득력 있게 설명하는 문서로, 사업에 대한 전반적인 사항을 객관적으로 서술하여 창업자가 창업 가능성, 사업의 타당성, 수익성을 분석하여 기술해야 한다. 이는 창업자가 사업단계별 추진할 업무와 달성해야 할 목표를 명확히 제시하여 체계적으로 진행할 수 있으므로 비용낭비를 막고 향후 발생할 수 있는 불확실한 위험요소를 제거하여 사업성공의 가능성을 높이는 역할을 한다.

사업계획은 사업의 성공 가능성을 진단해 주는 사업 타당성분석과 밀접한 연관성이 있다. 따라서 예비창업자는 사업을 계획하는 것에 앞서 사업의 타당성을 분석하는 것이 꼭 필요하다.

2) 사업계획서의 용도 및 종류

사업계획서의 용도는 대내적인 용도와 대외적인 용도 두 가지의 경우로 나눌 수 있다. 대내적인 용도는 성공적인 창업을 위해 창업자의 관점에서 사업추진을 통한 목표와 수행업무에 대해, 사전에 파악하고 불확실한 위험요소를 파악하여 그에 대한 대응방안 모색을 통해 사업시작 여부를 결정하기 위한 것으로 활용할 수 있다. 또 주변인들에게 상세한 자료를 제공함으로써 새로이 시작하는 사업에 있어 주변인의 동의를 구하거나 적극적인 지원을 받기 위한 보조적인 수단으로 사용할 수 있다.

대외적인 용도로써의 사업계획서는 창업 시 부족한 자본을 조달받기 위해 금융권, 투자기관, 정부와 지방자치단체 등의 공공기관 정책자금 지원을 신청하기 위한 용도로 사용되며, 개인적으로 투자자들에게 투자를 받기 위해서도 필요하다. 동업자나 상품공급자들로부터 협력을 얻거나 거래관계 업체들에게 사전 신용을 얻기 위한 방법으로도 활용된다.

사업계획서의 종류는 한 페이지로 요약해서 사업계획의 핵심 내용만을 제시한 요약계획서, 형식이 미리 정해져 있는 고정형식 사업계획서로, 창업투자회사, 금융기관, 정부기관 등에서 사업계획 형식을 미리 작성해놓고 신청자들로 하여금 정해진 형식에 따라 작성하도록 하는 경우를 말한다.

자유형 사업계획서는 사업을 계획하는 작성자가 임의로 결정한 형식에 따라 작성한 사업계획서를 말한다. 자유형 사업계획서를 작성하는 경우에도 고정형식 사업계획서의 경우와 유사한 내용이 포함되어 있어야 한다.

3) 사업계획서의 구성 및 내용

① 사업계획서의 요약문

요약문은 추진할 사업의 핵심적인 내용을 집약해서 설명한다. 핵심적인 내용이기 때문에 전체적인 내용이 완성된 후에 작성하는 것이 바람직하다. 1~2 페이지 정도로 작성하며 사업의 전체적인 개념과 활용할 전략, 목표시장의 예측, 경쟁우위 전략 등을 쉽게 파악하고 설득력 있게 구성한다. 투자자들에게 사업계획서의 핵심적인 부분이라고 할 수 있기 때문에 매우 중요하다.

② 회사 및 대표자의 소개

회사의 사업개념을 소개하고 진입하려고 하는 사업에 대한 투자금액(목표수입률, 차입금과 금융비용, 인건비, 임차료, 기타 경비)과 사업의 기본방향(업종과 업태, 브랜드, 입지, 규모 등), 대표자 또는 핵심인력에 대한 설명도 기술한다.

③ 사업계획

사업의 내용 · 목적 · 동기 · 파급효과 등 사업개요를 기술한다. 제품에 대해서는 보다 구체적으로 경쟁사의 제품과 대비하여 특징을 기술한다. 이미 판매하고 있다면 용도 · 결과 · 고객반응 등을 설명한다.

④ 시장조사와 분석

시장조사와 분석은 가장 어려운 부분인 동시에 가장 중요한 부분의 하나로 상권분석, 고객분석, 경쟁자분석이다. 고객분석은 미래고객의 규모, 고객별 유치전략 등을 세워야 하며, 경쟁자분석은 경쟁자의 강점과 약점에 대해 평가하여 분석에 따른 전략을 수립해야 한다. 제품과 서비스의 시장규모와 전망, 고객, 경쟁자와 그들의 매출추이에 기초하여 최소 3년 동안의 시장점유율과 매출액을 수량과 금액 면에서 추정한다.

⑤ 마케팅의 계획

외식기업에서 마케팅은 목표시장의 잠재고객이 누구이며 그들과 어떻게 접촉하고 서비스, 품질, 가격, 배달 등을 어떻게 판매에 연결시킬 것인지에 대해 논의하는 것이다. 즉 목표고객을 정확하게 이해하여 그들을 설득하기 위한 다양한 마케팅믹스를 창출하여 수익성을 확보한다는 것이다. 마케팅믹스에는 외식기업의 상품, 가격, 입지, 촉진, 서비스의 전달과정, 물리적 증거에 대한 계획, 사람 등 7가지를 들 수 있으며, 이러한 요소는 각각 개별의 것이 아니라 창업자가 구상한 외식기업의 콘셉트를 중심으로 밀접한 관계를 유지할 수 있어야 한다.

⑥ 시공계획

시장조사에서 수립한 벤치마킹 자료를 기초로 하여 구상하는 사업에 적합한 기본적인 내 · 외장 및 전체 구도의 분류, 내 · 외장 콘셉트, 홀과 주방의 시설공사 스케줄 등의 표준안을 수립해야 한다.

⑦ 메뉴계획

메뉴 차별화를 위한 핵심요소, 구체적인 메뉴품목과 가격 등을 작성한다.

표 9.2 메뉴품목과 가격

메뉴명	가격(원)	판매 포인트	비 고
생등심 돈가스 (Fresh Pork Cutlet)	11,000	신선한 100% 순돈육과 우스타품 소스의 조화	매뉴얼 구축
생등심 비프가스 (Fresh Beef Cutlet)	13,000	소고기 등심의 고소하고 담백한 맛의 진수	
생안심 히레가스 (Fresh Tenderloin Cutlet)	13,000	신선한 100% 생안심의 부드러운 감칠맛	
치킨가스 (Chicken Cutlet)	12,000	고소하고 담백한 신선한 치킨커틀릿	
생선가스 (Fish Cutlet)	12,000	신선하고 담백한 생선육과 타르타르소스의 조화	
생등심 치즈돈가스 (Cheese & Fresh Pork Cutlet)	12,000	생등심 돈가스에 치즈를 참가하여 최고급 품질, 고영양의 밸런스 유지	
생등심 치즈비프가스 (Cheese & Fresh Beef Cutlet)	14,000	생등심 비프가스에 치즈를 참가하여 최고급 품질, 고영양의 밸런스 유지	
생안심 치즈히레가스 (Cheese & Fresh Tenderlon Cutlet)	14,000	생안심 히레가스에 치즈를 참가하여 최고급 품질, 고영양의 밸런스 유지	
치즈 치킨가스 (Cheese & Chicken Cutlet)	13,000	치킨과 치즈의 조화로 담백한 맛과 풍부한 영양의 밸런스	
해피가스(어린이용) (Fresh Happy Cutlet)	6,000	어린이를 위한 생등심 돈가스	
데코레이션 & 세팅 (Decoration & Setting)	• 샐러드 1개 • 주메뉴 + 밥 + 국 + 소스 • 디저트(커피 혹은 전통차, 팥빙수(하절기) 중 기호선택) • 디저트의 경우 무제한 제공		

자료 : 홍기운, 외식사업 신규창업을 위한 사업계획서 작성방법 사례와 투자경제성 분석에 관한 연구, 1997

⑧ 설비 및 기구

주방설비 및 장치류, 집기 및 비품류, 메뉴북 및 유니폼 등의 리스트를 조사하여 작성한다.

⑨ 조직 및 인원계획

조직도를 구성하고 부문별 · 직위별 인원과 인건비 등을 계획해 기술한다.

⑩ 영업계획

점포운영의 콘셉트를 설정한 다음, 중장기적인 마케팅 전략을 기초로 하여 단기적인 개점촉진 전략을 정리한다.

⑪ 사업 타당성분석

사업 타당성분석은 자금조달 계획과 재무제표의 작성으로 구분하여 작성한다. 외식기업 창업 시에 필요한 자금에 대한 계획은 자기자본에 대한 부분과 타인자본 비율, 타인자본에 대한 상환 시기에 대한 계획을 명시해야 한다. 또한 창업 초기에 들어가는 정확한 비용을 파악하고 1~3년 동안의 자금 운영에 관한 계획서를 작성해야 한다.

⑫ 사업추진 일정

사업을 추진할 세부계획의 추진일정 상황을 보여줌으로써 신뢰성을 얻도록 하는 것으로, 창업일정은 인 · 허가 절차나 자금조달 계획에 맞춰 하나의 표에 일목요연하게 정리해야 한다. 차질 없는 창업을 준비하기 위해서는 사업추진 일정표를 계획하고 그 일정에 따른다면 계획적인 창업 준비를 가능하게 해준다.

4) 사업 타당성분석

(1) 사업 타당성분석의 정의

사업 타당성분석은 창업뿐만 아니라 기존 외식업체에서 신규 사업의 성공여부를 검토하기 위한 중요한 활동이다. 사업아이디어를 실현하고 있는 외식업체를 실립하면, 어느 정도의 이윤을 실현할 수 있는지를 조사하는 활동이다. 더 구체적으로 살펴보면, 성공적인 사업을 위해 필요한 사업추진 능력, 기술성, 시장성, 상품성, 수익성, 안정성, 위험정도 등을 분석하고 평가하는 총체적인 활동으로 정의 할 수 있다.

외식업체의 창업에 실패할 경우, 창업자뿐만 아니라 주위사람들에게도 물질적 · 정신적 고통을 초래하게 되므로 사업을 시행하기 전에 사업의 성패 가능성에 대해 체계적이고 면밀하게 사업성에 대해 분석해보는 것이 필요하다. 일반적으로 소규모 외식창업의 경우, 창업자의 사업능력을 체크리스트 등을 통해 판단하는 정서적 분석과 투자금액, 매출액, 비용의 추정을 통해 투자수익률, 회수기간 등을 고려하는 정량적 분석이 주를 이룬다. 모든 사업은 시행하기 전에 어떤 형태로든지 사업수행의 결과로 발생된 손해와 이익의 가능성에 대해 분석해야 한다.

사업 타당성분석은 크게 제1단계 사업성 분석(예비사업 분석)과 제2단계 사업성 분석(본 사업성 분석)으로 나누어 볼 수 있다. 제1단계 사업 타당성분석은 예비사업 분석으로 후보사업 아이디어의 발견을 위해 사업가능 아이디어를 나열하여 아이디어를 발견하고 사업성에 대해 분석하여 1차적으로 선정한다. 제2단계 사업 타당성분석은 예비사업 분석에서 1차적으로 선정된 아이디어를 상세히 분석하는 것이다. 즉 아이템의 적응성, 시장성 및 판매전망, 상품 및 기술성, 수익성 및 경제성 분석 등을 통해 사업의 성공 가능성을 확인하는 과정이라 할 수 있다.

(2) 사업 타당성분석의 필요성

사업계획서는 구상하고 있는 사업을 실행하기 위해 활동계획을 기록해 놓은 서류이지만, 사업계획서와 사업 타당성분석은 같은 의미로 사용되기도 한다. 사업 타당성분석을 통하여 긍정적인 결과가 나오면 사업계획을 수립하여 실행하기 때문이다. 사업 타당성분석은 창업의 요소와 요건을 갖추고 재화와 용역을 생산 · 판매할 경우, 즉 외식업체의 경영활동을 수행할 경우 경영 본래의 목적인 이윤의 달성가능 여부를 사전에 조사 · 검토하는 것으로 창업을 실패로부터 지켜줄 수 있는 좋은 보조장치이다.

창업 성공률을 높이는데 필수적인 것은 객관적이고 체계적인 사업 타당성분석이며, 그 외에도 창업요소의 정확한 파악을 통해 창업기간을 단축시킬 수 있으며, 철저한 준비를 통해 효율적인 창업 가능성도 증대시키고 경영지식 습득과 능력 향상의 기회도 제공해 준다.

CHAPTER 10

외식창업의 유형

창업의 유형은 사업아이디어 원천에 의한 구분, 산업분류에 의한 구분, 독립성 여부에 의한 구분, 혁신성에 의한 구분, 점포 유·무에 의한 구분 등 다양한 분류기준이 있다.

사업아이디어 원천에 따른 구분은 창업 아이디어가 기술형인지 아니면 시장형인지에 따라 구분된다. 기술형 창업은 제품이나 서비스창출에 필요한 창업자의 전문적인 지식과 기술을 바탕으로 기존의 기술은 물론이며 하이테크 기술까지 습득해야 보다 안정적인 창업이라고 할 수 있다. 시장형 창업은 기술형 창업과는 달리 적은 자본과 신선한 아이디어를 가지고 시장수요에 입각하여 창업하는 경우를 말한다. 창업의 유형을 제조업, 음식 및 서비스업, 유통업 등으로 분류하는 산업분류에 따른 창업이며, 사업경영의 독립성에 따라 독립사업과 프랜차이즈 사업으로 나눠는 유형을 독립성 여부에 따른 유형 구분이다. 혁신성 정도에 따라 혁신창업 기업과 모방창업 기업으로 나눌 수 있으며, 점포의 유·무에 따라 점포창업과 무점포창업으로 구분할 수 있다.

다양한 유형의 외식창업 형태를 살펴보았으나, 실제로 소규모로 이루어지는 외식창업을 크게 분류하면 '독립 창업'과 '프랜차이즈 창업'으로 나누어 볼 수 있다.

1. 독립 창업

독립 창업은 창업 준비에서부터 운영까지 영업활동에서 생기는 모든 권한과 책임이 창업자인 본인에게 있는 경영방식으로, 초보 창업자보다는 경험자에게 유리한 유형의 창업방법이다. 또한 개인의 역량을 발휘할 수 있는 새롭고 창의적인 아이템과 노하우가 있는 사람이나, 소자본으로 창업하는 자영업자가 상대적으로 유리한 방식이라고 볼 수 있다.

표 10.1 독립 창업의 장 · 단점

장　점	단　점
• 새롭고 창의적인 아이템과 브랜드영업 및 독립적인 홍보가 가능 • 시장의 요구에 빠른 대응 가능 • 프랜차이즈 가맹금을 전혀 내지 않아 창업비용을 절감할 수 있음 • 독자적인 의사결정이 가능 • 폐업하거나 다른 업종으로 전환하는 것이 유리 • 매출과 이익률에 관한 결정권이 본인에게 있으므로 순이익률이 높음 • 사업이 성공적이면 프랜차이즈화 할 수 있음	• 창업에서 운영까지 모든 영업상의 권한과 책임이 사업자에게 있음 • 처음부터 끝까지 모든 것을 스스로 준비하고 독자적으로 해결해야 함 • 초보 창업자에게는 진입장벽이 높음 • 창업까지의 시간이 많이 걸림

2. 프랜차이즈 창업

(1) 프랜차이즈의 개념

프랜차이즈Franchise, 프랜차이즈 체인Franchise Chain, 프랜차이즈 시스템Franchise System 등으로 불리는 프랜차이즈는 상품의 유통 · 서비스 등에서 프랜차이즈를 가지는 모기업Franchisor이 체인에 참여하는 독립점Franchisee을 조직하여 형성되는 소매 형태의 연쇄기업이다. 이와 같은 개념의 프랜차이즈는 우리말로 '가맹점 운영권'이라고 할 수 있다.

프랜차이지Franchisee에게 영업표지(상표, 상호)와 영업시스템을 사용하여 일정한 품질기준에 따른 상품 또는 서비스를 판매하는 등의 독점적 영업권을 부여하는 대신 이에 따른 대가로 가맹비나 로열티를 지급하기로 하는 독립된 사업자 간의 계약을 프랜차이즈Franchise라고 한다. 상품의 구성이나 점포 · 광고 등에 관해 직영점과 똑같이 관리하며 경영지도 및 판매촉진 등을 담당한다.

(2) 프랜차이즈 시스템의 특성

프랜차이즈Franchise 계약은 프랜차이저가 미리 정한 계약 내용을 동의하는 자(프랜차이지)와의 계약으로 성립하는 부합계약에 해당된다. 프랜차이즈의 운영구조를 보면, 본부(프랜차이저)는 가맹점(프랜차이지)과 계약을 체결하고 가맹점에게 자기의 상호 · 상표 · 상징 및 경영노하우를 사용할 권리를 준다. 본부와 가맹사업자는 독립채산제이지만 제품이나 서비스, 판매에 있어 본부가 제시하는 일정한 기본을 따라야 하기 때문에 가맹점 모두 동일한 이미지 하에서 상품을 판매하고 사업을 행하도록 해준다.

프랜차이즈는 본부에서 식품구매 및 음식조달방법 등을 표준화한 운영방법을 개발하여 가맹점을 모집한 후, 상품의 독점판매권을 부여하고 시설을 설비해 주는 체인시스템으로 생산측면에서는 센트럴 키친Central Kitchen과 커미서리Commissary 방식에 의한 생산 · 판매의 분리가 중심이 된다. 본부와 가맹점 모두 자율성을 가지고 자본을 달리하는 독립된 사업자로, 상호 협력하여 동일자본 기업과 유사한 경영효과를 달성하는 장점을 가지게 되는 형태의 시스템으로 프랜차이저 입장에서는 직접 투자를 하지 않고 사업 확장을 할 수 있다는 장점이 있다. 프랜차이지 역시 검증된 사업시스템을 활용하여 리스크를 줄일 수 있어서 매우 선호하는 창업 형태이다. 특히 프랜차이즈시스템은 단순화, 표준화, 규격화를 핵심으로 하는데, 주로 단일의 제품과 서비스를 표준화하여 다수의 입지에서 규모의 경제를 통해 경쟁력을 확보할 수 있도록 설계되어 있다.

가맹사업을 체인사업이라고 부르기도 하는데, 체인의 형태는 레귤러 체인, 볼런터리 체인, 프랜차이즈 체인이 있다. 레귤러 체인은 단일자본에 의한 체인스토어로 어떤 기업이 전부 자기자본으로 체인점을 설립하여 점포전개를 한 것을 말하며, 회사형 체인 또는 직영점 체인이라고 부른다. 볼런터리 체인은 독립자본의 이름이 다른 다수의 소매점이 모여 자기가 가지는 기능의 일부를 본부에 위탁하고 있는 것을 말한다. 본부가 도매업자라 할지라도 조직의 주체는 소매업자이며 체인경영의 의사결정에 참여하는 등 소매업 간의 횡적 연락을 중시한다. 마지막으로, 프랜차이즈 체인은 조직의 형태는 볼런터리 체인에 흡사하나, 본부 각 회원점이 모두 독립자본의 사업이지만 운영의 주체는 본부에 있다. 가맹점은 체인경영의 의사결정에 적극적으로 참여하지 않으며, 가맹점 간의 횡적 연락보다는 본부와 가맹점 간에 종적 관계가 중시된다.

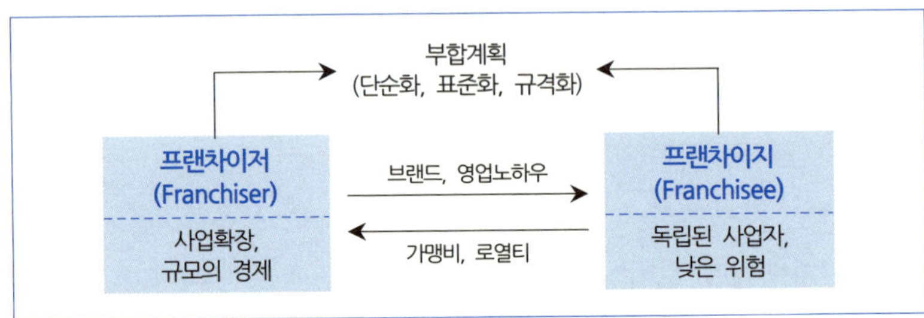

자료 : 김영갑 외 4인, 외식창업론, ㈜교문사, 2012

그림 10.1 프랜차이즈시스템의 개요 및 특징

표 10.2 프랜차이즈 유형

유 형			경영방식 및 예
체인	레귤러 체인		• 직영으로 운영되는 다점포 경영방식(예 : 스타벅스)
	볼런터리 체인		• 경영의 독립성은 유지하면서 구매, 물류 등을 공동으로 추진하는 수평적 관계의 경영방식(예 : 코사마트)
프랜차이즈	제공 내용	제품 프랜차이즈	• 상호와 상품만 공급하는 형태, 경영노하우는 제공치 않음(예 : 자동차 딜러, 전자제품, 주유소 등)
		시스템 프랜차이즈	• 비즈니스 포맷 프랜차이즈(예 : 롯데리아, 피자헛, 맥도날드 등)
		제조 프랜차이즈	• 제조를 위한 특허권, 노하우 제공(예 : 코카콜라, 펩시콜라 등)
	지역 권한	단일점포 프랜차이즈	• 하나의 점포에만 부여
		다수점포 프랜차이즈	• 프랜차이즈 개발 계약 : 일정지역 사업개발 계약, 일정규모의 점포개설 의무, 의무불이행 시 계약취소 • 마스터 프랜차이즈 계약 : 일정지역에서 제3자에게 프랜차이즈 계약권 부여(마스터 프랜차이즈 → 서브 프랜차이즈)

자료 : 김영갑 외 4인, 외식창업론, ㈜교문사, 2012

(3) 프랜차이즈의 장·단점

① 프랜차이저(가맹점 본부)의 장·단점

프랜차이즈를 하게 됨으로써 프랜차이저(가맹점 본부)가 갖게 되는 장점은 창업을 하고 싶어 하는 사람을 가맹점으로 모음으로써 점포투자액을 적게 하고 넓은 지역에 단시일 내에 판매량을 확보할 수 있게 된다. 단기간 내에 지명도가 높아짐에 따라 체인 전개를 더욱 가속화시킬 수 있게 되며, 가맹점의 점포스타일, 유니폼 등을 통일시킬 수 있기 때문에 소비자와 업계에 통일적이며 강력한 이미지를 줄 수 있다. 또 가맹점과 로열티 등으로 인해 안정된 사업수행이 가능해지며 상품유통의 루트가 확고해지면서 일정상품의 판매량을 확보할 수 있게 되고 재고에 대한 부담이 거의 없어진다. 가맹점의 영업상황, 본부의 체계, 환경조건의 변화를 보면서 가맹점 모집을 조절하고 유연한 성장을 이어나갈 수 있다.

가맹점 운영이 아닌 직영으로 운영할 경우 얻게 되는 장점에는, 가맹점보다 본부에 더 많은 수익을 가져다주며, 수직적 통합 체인으로 피드백이 쉬워 인사관리 개발을 쉽게 해준다. 판매 전략의 변화로 잠재시장을 시험할 수 있어 어떤 방향으로든지 정책변화가 가능하며, 법적인 문제에 있어서도 통합체인은 법률제한 사항에 크게 해당되지 않는다.

프랜차이즈시스템을 채택한 본부의 단점으로는 계속적인 지원에 따른 비용과 노력이 소모되며, 가맹점이 급증할 경우 통제하기 어려우며 직접 투자한 것에 비해 수익률이 낮다. 차별화된 콘셉트의 프랜차이즈가 등장하여 소비자들에게 좋은 반응을 얻으면 유사 프랜차이즈가 생겨나는 무임승차 현상으로 피해를 입기도 한다.

② 프랜차이지(가맹점)의 장·단점

가맹점의 장점은 외식산업에 전문적인 지식이 없고 미숙한 사람도 창업이 가능하며, 독립 창업보다는 비교적 소액의 자본으로 사업을 시작할 수가 있다.

가맹점의 독립적 지휘가 확보되기 때문에 만족하고 독립성을 느낄 수 있으며, 본부의 지속적인 정보제공으로 시장변화에 적합한 운영이 가능하다. 본부의 일괄적인 영업 · 광고 · 판촉활동에 대한 지원과 원조를 받을 수 있으며, 처음부터 지명도가 높은 효과적인 경영이 가능하다. 필요로 하는 설비와 도구 등을 유리한 조건으로 알선받을 수 있으며, 대량구입에 따른 경비절감 효과가 있고, 안정된 품질의 제품을 공급받을 수 있다.

프랜차이즈시스템 가맹점의 단점에는 본부에서 일방적으로 정해지는 부합계약이므로 가맹점이 불리할 수도 있으며, 재무구조가 취약하고 경험이 부족한 프랜차이즈 회사의 파산 등으로 인해 피해가 있을 수도 있다. 지속적으로 로열티를 지불해야 하며 본부와의 갈등이 증가되는 경우도 있다. 타 가맹점의 실패로 인해 피해를 입을 수 있으며 구입제품의 원재료, 판매방법, 가격, 점포장식들이 표준화되어 있고 통일적인 경영을 원칙으로 하기 때문에 개인화된 차별성을 추구할 수 없다. 본부는 전체의 효과를 생각하여 정책을 만들고 실행하기 때문에 특정 가맹점에 있어서는 실정에 맞지 않는 일이 생길 우려가 있다.

표 10.3 프랜차이즈의 장 · 단점

구 분	프랜차이저(가맹점본부)	프랜차이지(가맹점)
장점	• 사업 확장을 자본조달 용이 • 단시일 내에 다점포 전개 가능 • 대량 규모를 통한 규모의 경제 • 단기간 내에 지명도가 높아짐 • 공동광고를 통한 비용절감 • 시스템 개발에만 주력 • 인력관리의 부담경감 • 재고의 부담이 거의 없음	• 미숙한 사람도 창업 가능 • 검증된 시스템에 의한 리스크 감소 • 소액자본으로 표준화된 사업전개 • 경영지도 및 노하우 전수받을 수 있음 • 본부지원에 따른 경영상 애로 감소 • 공동광고 및 판촉으로 인지도 상승 • 판매에만 전념할 수 있음 • 사입하는 시간이 걸리지 않음
단점	• 지속적인 지원에 따른 비용증가 • 가맹점 통제의 어려움 • 무임승차 현상 • 직접투자에 비해 낮은 수익률	• 본부에서 일방적으로 정해지는 부합계약 • 지속적인 로열티 지불 • 본부와의 갈등 증가 • 개인화된 차별성 추구 불가 • 낮은 수익성과 지속적 투자

자료 : 나정기, 외식산업의 이해, 백산출판사, 2013; 안대희 외 3인, 외식사업론, 대왕사, 2012, 저자재구성

표 10.4 독립 창업과 프랜차이즈 창업의 비교

사업분류	독립점포 창업	프랜차이즈 창업
사업형태	경험자에게 유리한 사업	초보사업자에게 유리한 사업
창업비용	창업비용 절감 (본부에 지불하는 비용절감)	가맹비 · 보증금 · 로열티 · 인테리어 비용 같은 부대비용(옵션)
마진율	높다	낮다
사업책임	본인	본인
창업가능업종	노하우가 필요한 패스트푸드업종 및 기계 설비가 있는 일부업종 외	모든 업종 창업가능
상호	독자적인 상호개발	본부 브랜드
점포건설(시설)	창업자의 독자적인 콘셉트	본부의 통일된 콘셉트
상품구매	독자적인 구매처 확보	본부공급
경영노하우	창업자의 능력에 따라 창의적인 경영노하우 개발	본부의 축적된 경영노하우 제공
경영대처능력	고객욕구나 시장변화에 따라 신속한 대응 가능	본부의 통일된 의사결정으로 신속한 대응이 어려움
성장가능성	성공할 경우 프랜차이즈 본부로 도약 가능	가맹점수를 늘릴 수 있음
홍보 · 마케팅	독자적인 홍보전략 구사	본부의 공동마케팅 지원
상권조사(입지선정)	창업자 스스로 판단	체인본부의 입지조건 또는 상권조사
창업기일	창업까지 시간이 오래 걸림	창업기간 최대단축

자료 : 안대희 외 3인, 외식사업론, 대왕사, 2012

(4) 프랜차이즈의 성공요소

프랜차이즈의 성공요소로서는 상표인지도, 효율적인 운영시스템 확립, 지속적인 지원서비스 제공 이렇게 3가지 요소를 들 수 있다.

첫째, 상표인지도는 가맹본부의 브랜드가 소비자들에게 얼마만큼 잘 알려져 있으며 인정받고 있는가에 대한 브랜드에 대한 고객충성도가 높다면, 가맹점으로서 영업에 큰 도움이 되기 때문에 프랜차이즈 본부에서는 상표인지도를 높이는 문제가 사업성패의 중요한 포인트가 된다.

둘째, 효율적인 운영시스템 확립으로 개점 후에 본부에서 영업활동을 위해 운영하는 영업시스템이 얼마만큼 잘 구축되어 있는가에 대한 것이다. 가맹점 사업자의 영업을 활성화하기 위한 본부의 전반적인 운영시스템이 체계적으로 구축된 프랜차이즈 본부가 가맹점 사업자의 지원면에서도 우수할 것이 틀림없다.

셋째, 지속적인 지원서비스의 제공은 가맹점 사업자에 대한 본부의 영업지원이 창업 초기에만 이루어지고, 일정기간이 지난 후에는 가맹점 사업자의 영업 상태에는 관심을 기울이지 않고 수금에만 신경을 쓰는지, 아니면 슈퍼바이저라는 전문 지도요원들을 통하여 지속적인 영업지원을 해주는지에 대한 문제라고 할 수 있다.

성공적인 프랜차이즈 사업 및 가맹점 운영을 위해 필요한 요소는 다음과 같다.

- 시장을 지배하는 마케팅 능력
- 고객지향적인 상표인지 정책
- 상표에 대한 고객충성도
- 일관되게 응용된 운영시스템
- 지속적인 지원
- 가맹점 사업자 동기부여
- 보다 큰 이익의 증진

(5) 프랜차이즈 창업 결정 시 검토사항

프랜차이즈를 선정할 때에는 좋은 프랜차이즈인지 확인하기 위해서 일반적으로 정보공개서를 검토한다. 정보공개서는 가맹계약 체결 전 필요한 각종 정보들을 담은 문서로 가맹계약 체결에 앞서 가맹본주는 반드시 공정거래위원회에 등록한 정보공개서를 가맹희망자에게 계약체결 14일 전까지 제공할 의무가 있다. 정보공개서 사전제공제도는 2002년 가맹사업법 제정 시 도입되었으며, 2018년 1월 기준 5,800여 개의 브랜드가 공정거래위원회에 등록되어 있다.

① 가맹사업법령상 정보공개서 기재사항

「가맹사업법」에 따른 정보공개서 기재사항은 약 70여 가지에 달하며, 주요

내용은 다음과 같다.

- 가맹본부의 일반현황
  - 가맹본부의 기본 정보, 계열회사 정보
  - 임원명단 및 사업경력 등
- 가맹사업 현황
  - 최근 3년간 가맹점 현황(출점, 폐점수 포함)
  - 가맹본부가 운영하는 다른 브랜드 정보
  - 전년도 가맹점사업자 평균 매출액추정치)
- 법위반 사실
  - 최근 3년간 「공정거래법」 및 「가맹사업법」 위반
  - 가맹사업과 관련된 민사, 형사상 법위반 내역
- 가맹점사업자의 부담
  - 영업개시 이전: 가맹금, 보증금, 설비 등 기타비용
  - 영업 중: 로열티, 가맹본부의 감독 내역
  - 계약종료 후: 재계약, 영업권 양도 시 부담비용
- 영업조건 및 제한
  - 상품판매, 거래상대방, 가격결정에 따르는 제한
  - 영업지역 설정, 변경 등에 관한 내용
  - 계약기간, 계약연장, 종료, 해지 등에 관한 내용
- 영업개시 절차
  - 영업개시까지 필요한 절차, 기간, 비용
- 교육 · 훈련
  - 교육 · 훈련의 내용, 이수시간
  - 부담비용, 불참 시 불이익

표 10.5 프랜차이즈 창업결정 시의 검토사항

항 목	내 용
자기 자신에 대해 고려해야 할 사항	• 자신의 성격이 서비스업에 적당한 성격이며 리더십이 있는가? • 자신이 경영자의 소질을 가지고 있는가? 없다면 체인본부의 방침과 경영방법에 따라 경영할 수 있는가? • 가족들이 전폭적으로 지지하고 있는가? • 프랜차이즈 장점과 단점을 잘 이해하고 있는가? • 사업을 시작하는데 필요한 자기자금 조달 가능한 금액은 얼마인가?
프랜차이즈본부 선정에 고려해야 할 사항	• 하고자 하는 업종과 관련된 프랜차이즈 기업들의 정보를 모은다. • 판매상품에 대한 기본적 사항, 즉 취급상품의 범위와 종류, 품질의 우위성, 기존의 체인점조사, 상품의 라이프사이클에 대한 장래성, 매입 면에서의 메리트, 본부의 개발투자 여부, 판매메뉴의 이미지 창출여부 등을 체크한다. • 프랜차이저의 기본적 영업방침을 잘 수행하고 있는가를 체크한다. • 프랜차이저가 취급하는 메뉴와 자신이 요구하고 있는 내용을 잘 조화시키고 있는가? • 프랜차이지로서 프랜차이저에 대해 부담해야 할 의무에는 어떤 것이 있는가? • 가맹점 선정기준이 명확한가?
프랜차이즈본부 기업에 대해 고려해야 할 사항	• 기업의 설립시기와 영업실적, 경영방침과 인재구성, 경영능력 등에 대한 정보를 수집하고, 장기 경영계획을 조사한다. • 가맹점 모집과정이 적법하게 이루어지는지 파악한다. • 가맹점에 부여하는 상권이 명확하게 규정되어 있고, 그 지역이 영업을 할 만큼 충분히 넓은 지역인가?
선정 후의 검토사항	• 입지를 결정한 후 주변의 경재업체를 조사하고, 고객을 흡인하는 힘이 있는지를 파악하며, 소득수준과 경쟁점이 진출할 경우의 영향을 프랜차이저에 의한 상권분석의 타당성을 검토한다. • 개점을 하기 위한 소요자금의 견적과 조달에 대해 파악하고, 판매 및 이익계획과 아울러 운전자금에 대한 분석을 시행한다. • 프랜차이저 및 금융기관에 의한 금융지원제도를 검토한다. • 프랜차이저에 의한 광고선전, 홍보 등에 대해서 체크한다.
경영지도 및 본부 지원사항	• 점포의 인테리어 등 공사에 관련하여 프랜차이저의 지도 및 지원은 어떠한가, 혹은 업체의 소개나 보증 등에 관하여 체크한다. • 경영노하우 및 본부의 교육훈련 계획은 어떤 것이 있는가? • 개점할 때 본부의 광고선전 지원을 파악한다. • 영업 중 슈퍼바이저의 경영컨설팅 실시여부를 파악한다. • 경영실적 자료를 통한 분석을 실시해 주는가? • 회계 · 경리 상의 시스템에 대한 표준방법이 확립되어 있는가? • 적자가 계속될 경우, 프랜차이저의 지원이나 보증여부 등을 파악한다.
계약에 관한 사항	• 프랜차이즈 계약서는 프랜차이저가 정형화된 양식으로 준비한 것에 서명하면 프랜차이즈시스템의 모든 권리와 의무가 효력을 발생하므로, 가맹 희망자는 계약의 각 조항을 면밀히 파악하여 계약해야 한다.

자료 : 김영갑 외 4인, 외식창업론, ㈜교문사, 2012

References

강병남 · 박정리 · 안종철 · 안형찬 · 이윤희 · 이진 · 정수식 · 황영정, 외식산업실무론, 지구문화사, 2014.

김관식 · 이봉식, 외식사업의 이해, 기문사, 2014.

김기영 · 염진철 · 조우제, 외식산업관리론, 현학사, 2006.

김기영 · 함형만 · 김이수 · 엄영호, 메뉴관리론, 현학사, 2015.

김성일 · 진양호 · 박영일, 외식마케팅관리, 백산출판사, 2009.

김영갑 · 김문호 · 홍종숙 · 김선희 · 박상복, 외식창업론, ㈜교문사, 2012.

김영갑 · 홍종숙 · 김문호 · 김선희 · 박상복, 외식마케팅, 교문사, 2012.

김옥란, 호텔 · 레스토랑 메뉴관리론, 백산출판사, 2016.

김윤태 · 홍기운 · 이지호 · 박명호, 외식창업론, 광문각, 2010.

김의근 · 이정실 · 김천서 · 신창주 · 한정원, 외식사업창업실무론, 현학사, 2004.

김준희 · 장혁래 · 박인수 · 이준열 · 김성수, 알기 쉬운 메뉴관리의 이론과 실제, 백산출판사, 2016.

나정기, 메뉴관리의 이해, 백산출판사, 2006.

______, 외식산업의 이해, 2013.

박금순 · 민영희 · 김미향, 메뉴관리 및 디자인, 파워북, 2012.

박기용, 외식산업경영학, 대왕사, 2009.

백남길 · 김장호, 외식창업경영, 지식인, 2014.

백옥희 · 윤기선 · 한은숙 · 김옥선 · 고성희, 식품구매, 파워북, 2015.

서진우, 성공창업을 위한 실전 외식창업실무, 대왕사, 2007.

성기협 · 박헌진 · 채경연 · 최미경 · 최우승, 메뉴관리론, 교문사, 2010.

신봉규 · 박재호, 외식창업실무매뉴얼, 백산출판사, 2003.

안대희 · 정주영 · 송수익 · 채현석, 외식사업론, 대왕사, 2012.

양춘희 · 이성철 · 한동여 · 조은정, 외식산업의 경영, 북코리아, 2003.

우문호 · 최주호 · 김대영 · 이종한, 외식산업론, 학문사, 2003.

원융희 · 윤기열, 외식산업의 이해, 도서출판 두남, 2006.

원융희 · 이보연 · 김준원, 레스토랑 메뉴디자인, 신관출판사, 2001.

윤관호 · 권미영 · 정해란 · 김미진, 외식서비스 경영실무, 2008.

이계임 · 김상효 · 허성윤, 한국인의 식품소비 심층분석, 한국농촌경제연구원, 2016.

이봉식, 외식사업의 이해, 기문사, 2015.

정상태 · 함동철, 외식산업의 이론과 실제, 에이드북, 2014.

정용주, 외식경영론, 백산출판사, 2015.

진양호 · 배인호, 메뉴관리론, 지구문화사, 2016.

진양호, 원가관리론, 지구문화사, 2014.

채영철 · 조한규 · 이재규, 호텔 · 외식조리실무론, 형설출판사, 2013.

하진영 · 오선영 · 김경미, 외식서비스실무, 파워북, 2008.

홍기운, 외식사업 신규창업을 위한 사업계획서 작성방법 사례와 투자경제성 분석에 관한 연구, 1997.

KOSBI중소기업연구원, 자영업경쟁력 강화방안, 2016.8.

국회예산정책처, 자영업자 지원사업평가(사업평가 5-11), 2015.

영세자영업으로 등 떠밀리는 20대들, 파이낸셜뉴스, 2016.5.1.

직장인은 지갑 닫고, 자영업자는 문 닫고, 세계일보, 2016.3.17.

청년세대, 길이 없어 '영세 자영업자' 뛰어들었지만…, 파이낸셜뉴스, 2016.5.1.

한국농수산식품유통공사, 2016국내외식트렌드 조사보고.

한국농수산식품유통공사, 미리 보는 2018 외식트렌드.

한국외식연감, 2017.

Adam Barringer, Grassroot Marketing for the Restaurant Industry, Writers Club Press, 2002.

Jack, D., Ninemeir, Management of Food and Beverage Operations, AH & MA, 1990.

James R., Abbey, Hospitality Sales and Advertising, AH & MA, 1989.

Marian C. Spears, Foodservice Organizations : A Managerial and Systems Approach, 3rd ed., Prentice Hall, 1995.

Miller Jack. E., Menu Princing & Strategy, 3rd ed., VNR. New York, 1992.

Powers T., Introduction to Management in the Hospitality Industry, 5th ed., John Wiley & Sons Inc., New York, 1995.

R. W. McIntosh and C. R. Goldner, Tourism Practice, Philosophies, John Wiley & Sons Inc., New York, 1990.

Technavio, Global Food Service Market 2014~2018.

Walker, John R., The Restaurant from Concept to Operation, John Wiley & Sons, 2008.

Zeithaml, V. A & Beither, M. J., Service Marketing, McGraw-Hill, 2003.

Profile

엄영호

프랑스 Le Cordon Blue 수료
외식조리관리학 박사
외식 · 조리 경영 컨설턴트
현, 수원여자대학교 호텔조리과 교수

이은진

세종대학교 조리외식경영학과 박사과정
외식 · 조리 메뉴 컨설턴트
Cooking Studio & Dessert Cafe Lee Bread 대표
현, 수원여자대학교 호텔조리과 겸임교수

주서현

경기대학교 외식조리관리학과 외식경영학 박사
경기대학교 외식조리관리학과 관광학 석사
경기대학교 외식조리과학과 외래교수
현, 수원여자대학교 호텔조리과 외래교수

정주희

경기대학교 외식조리관리학 박사
디앤이이노베이션 메뉴개발 기술고문
푸드코디네이트 컨설턴드
현, 수원여자대학교 호텔조리과 겸임교수

임영희

상명대학교 대학원 석사 졸업
한국외식업중앙회 경기도지회 경영부장 역임
외식 · 조리 경영 컨설턴트
현, 한국외식업중앙회 경기도 고양시 사무국장

최 미

경남대학교 가정교육학과 졸업
경남대학교 식품과학부 석사
경남요리제과직업전문학교장
현, 창원문성대학교 호텔조리과 외래교수

FOOD
SERVICE
INDUSTRY
MANAGEMENT